FLÖHE,

DIE (UN-)HEIMLICHE PAGE

Sindy Grambow

FLÖHE,

DIE (UN-)HEIMLICHE PAGE

Ein Ratgeber gegen Flohbefall im Haus

Impressum

Bibliografische Information der Deutschen Nationalbibliothek:
Die Deutsche Nationalbibliothek verzeichnet diese Publikation in der
Deutschen Nationalbibliografie; detaillierte bibliografische Daten
sind im Internet über http://dnb.dnb.de abrufbar.

© 2021 Sindy Grambow

1. Auflage 2021

Lektorat: Erika Otto

Herstellung und Verlag: BoD - Books on Demand, Norderstedt

ISBN: 978-3-7534-3873-3

Bei Fragen und Anregungen: info@einblick-baubiologie.de

Alle Ratschläge in diesem durch wurden von der Autorin
sorgfältig erwogen und geprüft. Eine Garantie kann dennoch nicht
übernommen werden. Eine Haftung der Autorin bzw. des Verlags für
jegliche Personen-, Sach- und Vermögensschäden ist daher
ausgeschlossen.

Inhaltsverzeichnis

Ein Vorwort... oder doch keines

Hier sollte ein Vorwort stehen, ernst, mit philosophischen Betrachtungen, die einen zu diesem Werk veranlasst haben. Nein. Das Letzte, das man hat, wenn die Flöhe durch die eigenen vier Wände hüpfen, sind tiefschürfende Gedanken. Stattdessen inspirierte mich eine selbst erlebte, völlig unwissenschaftliche Situation, bar jeder Philosophie:

Flohstiche. Verdammt. Hilfe! Flöhe im Haus!

Tief durchatmen.

Erste Regel: Keine Panik! Du bist Baubiologe. Du bist Biologin. Du weißt, was zu tun ist.

Putzen, Staub saugen, wischen, putzen, Staub saugen, wischen und gleich noch mal von vorn. Ist noch Niem im Haus? Kieselgur sollte ich auch gleich bestellen. Verdammt. Warum Flöhe?

Waschen, waschen und noch mehr waschen. Hab ich Staubsaugen schon erwähnt?

Abdampfen hilft auch.

Und noch mal von vorne.

Waschmaschine schon durch? Nächste Ladung starten.

Was hüpft da? War das etwa wieder ein Floh?

Keine Panik! Atme ein und atme aus. Sind nur Flöhe. Nur Flöhe. Diese verdammten Biester. Wachteln lieben sie. Ob ich Wachteln im Schlafzimmer halten kann?

Saugen, putzen, wischen, waschen, abdampfen, die
Waschmaschine ist durch. Nächste Ladung wartet.

"Mama, guck ein neuer Stich."

"Wann?"

"Eben, da hüpft er… unters Sofa."

Keine Panik!

Ich habe Panik!

Ab in die Wanne. Sachen ausziehen. Staubsauger her. Saugen,
Saugen, Sofa schieben. Saugen saugen. Putzen, Wischen, waschen,
abdampfen, die Waschmaschine ist fertig. Nächte Ladung.

Es juckt überall. Bestimmt noch ein Floh hier. Das kann kaum sein.
So viel geputzt.

Ist das ein Krümel. Lass das ein Krümel sein. Er hüpft.

Panik!

Saugen, saugen, saugen. War ich schon unterm Sofa? Putzen,
Wischen, waschen, abdampfen, die Waschmaschine ist fertig. Ich bin
´s auch. Fix und fertig. Ob ich mal Gift versuche? An den Flöhen?
Nein. Du bist Baubiologe. Nicht nachlassen. Saugen. Putzen. Wischen.
Waschen. Oh verdammt! Nicht vergessen: das Kind aus der Wanne
holen.

Da hüpft er! Biest. Dich kriege ich.

Saugen. Wischen. Hinter her dampfen.

Es juckt. Sachen ausziehen. Ab in die Wanne. Tut das gut.
5 Minuten flohfrei. Soll er ersaufen. Ich bin Sadist. Nächste

Waschmaschine ist fertig. Ich bin am Ende. Der Wäscheständer auch.
Zusammengeklappt unter der Last der Klamotten. Wäsche am
Boden. Bei den Flöhen! Oh nein. Erst mal saugen. Beruhigt. Vielleicht
ist jetzt Ruhe? Bitte lass Ruhe sein.

"Mama, guck wieder ein Biss."

" 'n Abend Schatz. Oh, du liegst in der Wanne? Ich würde mir
auch gern mal so einen schönen Tag machen."

Und so lautet das oberste Gebot bei Flohbefall: Niemals, aber
auch wirklich niemals den Humor verlieren! Nicht umsonst heißt es
"ich höre schon die Flöhe husten". Wer einmal diese winzigen,
hopsenden Biester zu Hause hatte, wird es bestätigen können: Man
hört sie irgendwann husten, denn der Wahnsinn hüpft mit.

Einführung

Flöhe haben als Pestüberträger ihre ganz eigene Rolle in der
Menschheitsgeschichte gespielt. Leider eine, die aus unserer Sicht
nicht positiv war. So ist es nicht verwunderlich, dass uns nach der
Überwindung des Schwarzen Todes, der Pest, nach wie vor eine ganz
seltsame Furcht befällt, wenn wir von Flöhen sprechen. Hat der
Mensch ein vererbbares Gedächtnis? Die heutige, bei manchen
Menschen fast schon panische Angst vor Flöhen könnte dafür ein
Indiz sein. Eine ähnliche Urangst überfällt so manchen bei Spinnen,
obwohl in unseren Breiten die Angst vor den Achtbeinern
unbegründet ist. Dennoch sollten wir die in uns schwelende Panik vor
Flöhen ernst nehmen, denn auch Angst macht krank. Und so kann
jeder vernünftig denkende Mensch nachvollziehen, welchen
emotionalen Stress in der Wohnung herum hüpfende Flöhe für die
Bewohner verursachen, welche Ängste, welche Qualen sie allein durch
die historischen Tatsachen anheimfallen - und dass, obwohl die Pest
in Europa schon lange nicht mehr existiert, Antibiotika sei Dank.

Von Flöhen, Ratten und der menschlichen Psyche

Belastend ist vor allem die Tatsache, dass man - geschichtlich bedingt - mit dem Auftreten von Flöhen sofort an Unreinheit und desolate Zustände denkt. Wer Flöhe hat, führt einen unsauberen Haushalt, so könnte man meinen. In unseren Köpfen ist der Floh durch seinen historischen Hintergrund fest mit der Ratte verbunden. Tatsächlich aber fand und findet sich der Floh auch auf den Katzen, welche die Ratten und Mäuse mit Flöhen ja fangen. Doch der Floh findet sich auch bei Menschen, der keine Haustiere hat. Und schon kombiniert der Kopf, ohne bewusst zu denken: *„Also wenn der keine Haustiere hat, dann muss er doch zwangsläufig einen unsauberen Haushalt haben."* Natürlich nicht. Aber allein aus unserem Geschichtswissen heraus und der automatisch im Kopf ablaufenden Kombinatorik gelangt man zu dieser falschen Schlussfolgerung. Für den Flohgeplagten wird der psychologische Druck dadurch noch größer. Er traut sich nicht mehr unter Menschen, hat Angst, dass "seine" Flöhe von ihm auf andere springen und plötzlich alle Welt mit dem Finger auf ihn zeigt, ihn für unsauber, gar asozial hält.

Und zu allem Ungemach: Es juckt! Die Stiche machen einen wahnsinnig! Das Gefühl, permanent und überall angefallen werden zu können, in den eigenen vier Wänden als Mahlzeit zu dienen und diese Höllenbrut auch noch zu ernähren und sie damit zur Fortpflanzung zu bringen... das ist fast schon mehr, als der Mensch mit den heutigen Belastungen in der Umwelt, auf der Arbeit oder in der Familie ertragen kann. Und dann sind die Biester auch so winzig. Da hilft nicht mal eine Fliegenklatsche. Das Einzige, das scheinbar Abhilfe verspricht, ist das Insektenspray oder der Fogger. Aber dann hat man das Gift überall: im Bett, in dem man täglich schläft, in den Kleidern, die man täglich auf der Haut trägt, in der Küche, in welcher man das Essen kocht, auf dem Sofa, auf dem man ein Nickerchen hält… für lange Zeit. Über Monate, oft Jahre. Und das kann krank machen, gerade in Hinblick auf die vielen anderen Stressoren, die uns Tag für Tag bewusst und unbewusst fordern. Das Hause oder die Wohnung sollte eine Oase der Erholung sein, ein Rückzugsort, an dem der Mensch regenerieren kann und sich nicht vergiftet. Baubiologen setzten sich schon lange für einen gift- und strahlungsarmen Wohnraum ein - leider oft nur für die Menschen, die das nötige Kleingeld haben. Nun befallen Flöhe aber auch schlechter verdienende Haushalte. Kann ein normal verdienender oder armer Bürger auch mit kleinem Budget der Flohplage zu Hause Herr werden? Ich durfte das erleben. Bei mir. Flöhe machen auch vor einem Baubiologen nicht halt. Es stand kein Name an den Flöhen. Vielleicht kamen sie aus der Schule der Kinder, von Nachbars Hund, aus einem Besuch in der Straßenbahn, von einem Kunden, mit großer Wahrscheinlichkeit von Nachbars Katze, die bei uns ein und aus geht. Sicher werde ich es nie erfahren. Doch was ich erfuhr war… belehrend, ernüchternd, schockierend, nervenaufreibend. Kurzum: der helle Wahnsinn. Jedenfalls wurde mir die Möglichkeit aufgedrängt, nun endlich selbst einmal all die Tipps auszuprobieren, die Ich Ratsuchenden beim Thema Flöhen während meiner Arbeit als Baubiologe gegeben hatte. Was mutet man denen zu? Ich weiß es - jetzt. Leidvoll. Erfolgreich. Nach dem Verfassen eines entsprechenden Artikels auf meinen Internetseiten stellte ich schnell fest: Das Problem ist verbreiteter als gedacht. Flöhe hüpfen barrierefrei und hemmungslos vom König auf den Bettelmann oder heute vom Manager auf den Arbeitslosen. Sie sind in allen gesellschaftlichen Schichten anzutreffen, in allen Haushalten gleich wie viel dort geputzt wird und sie finden sich in Häusern mit und ohne Haustieren. Und den Menschen geht es immer gleich: Sie sind verzweifelt, suchen hilflos nach brauchbaren Informationen und stoßen im Internet dabei irgendwann auch auf meinen Artikel. Endlich beschreibt mal jemand, der auch Flöhe hatte und ein wenig Fachkompetenz besitzt, wie man Flöhen den Garaus machen kann und das in epischer Breite. Ja, ein wenig Eigenlob muss sein. Das Ganze ist nämlich eine kostenlose Hilfe für jeden, bei dem die Biester durch die Wohnung hüpfen. Daraufhin habe ich bis heute weit über 500 Anfragen beantwortet. Zuweilen ließen dankbare Menschen eine kleine Spende zurück. All jenen meinen Dank, denn nur dadurch kann ich meinen Laptop reparieren oder die Serverbetreiber bezahlen und so weiteren Menschen helfen.

Doch zurück zu unserem Floh. Wie wird sich die Geschichte vom Menschen und seinem Ektoparasiten nun weiterentwickeln? Der Mensch bereitet den Flöhen und vielen anderen Parasiten gerade ein herrliches Urlaubsparadies. Das kann noch ein oder zwei Jahrzehnte dauern, aber der Klimawandel wird es möglich machen: Es gibt sie kaum noch, die knackig-kalten Winter mit wochenlangen Frostperioden, die bei minus 20 °C große Teile der Insekten in einen eisigen Schlaf führen, aus dem nur ein kleiner Teil der heimische Tiere erwachen. Heutzutage sind die Winter mild. Die paar Tage unter null hält die große Zahl der aus dem Süden eingewanderten Insekten und Flöhe ohne große Einbußen durch. 2016 war ein Sommer mit sehr vielen Floh-Anfragen. Nach Rücksprache mit diversen Tierärzten wurde bestätigt, dass die Flöhe sich in diesem Sommer prächtig vermehrt hatten. Und das geht so weiter. Ein weiterer milder Winter, ein weiterer Horror-Flohsommer. Die meisten Flöhe, die den Menschen befallen, sind Hunde-, Katzen- und Igelflöhe. Doch im Mittelmeerraum, der ebenfalls eine Klimaerwärmung erfährt, kommt bereits eine neue Art zum Vorschein, die bisher nur im warmfeuchten Brasilien und einigen afrikanischen Ländern anzutreffen war: der Sandfloh. Es ist anzunehmen, dass wir mit diesem Gesellen noch unsere helle Freude haben werden, wenn er sich am Mittelmeer heimisch fühlt und den Sprung über die eisfreien Alpen schafft, vielleicht in einem Sanddöschen, das als Urlaubssouvenir mit nach Deutschland kommt und zufällig an den sandigen Rheinufern oder dem Timmendorfer Strand landet. Freilich, das kann noch 20 Jahre dauern. Aber es ist unser Verschulden. „Schlau" wie wir sind, nutzen wir Gift, die Höllenbrut zu bekämpfen. Dieses wird immer wirksamer gemacht und macht zunehmend auch dem Menschen zu schaffen - natürlich werde Pestizidhersteller bescheinigen, dass diese Mittel „richtig angewendet" unbedenklich sind. Richtige Anwendung im Wohnraum heißt aus baubiologischer Sicht, sie nicht zu verwenden. Wir werden einen sehr kritischen Blick darauf werfen, auch mit Blick auf gesundheitsverträgliche Alternativen der Flohbekämpfung.

Es wird Zeit, das Thema "Floh" öffentlich zu machen, es zu enttabuisieren, den richtigen Umgang mit dieser Plage zu kommunizieren und die kleinen Hüpfer nüchtern und vernichtend, statt mit Gift, mit giftigem Humor, einigen ungiftigen aber arbeitsintensiven Hausputzstunden und baubiologischen Mitteln zu bekämpfen. Dabei steht stets die Gesundheit des Bewohners im Mittelpunkt.

Zuerst werden wir sehen, dass es "den Floh" nicht gibt, sondern dass es nur wenige Arten sind, die aus den rund 70 in Deutschland antreffenden Floharten in die Wohnungen eindringen. Anschließend schauen wir, wo und wie Flöhe leben und wie man erkennt, ob so ein unliebsamer Untermieter sich zu Hause einquartiert hat. Wenn ja, muss gehandelt werden. Dafür werfen wir einen Blick auf gängige Mittel und Inhaltsstoffe und auf andere Methoden der Flohbekämpfung. Abschließend betrachten wir das faszinierende Tierchen mit einem Schmunzeln und erleben kuriose Flohmaßnahmen im Alltag. Im Kapitel der häufig gestellten Fragen (FAQ) finden Sie vielleicht auch Antwort auf Ihre Frage. Wenn Ihnen nichts davon geholfen hat, können Sie Rat suchen bei den im Abschluss genannten Ansprechpartnern.

Wie dieser Ratgeber entstand und wie er Ihnen helfen wird

Dieser Ratgeber entstand nach einem Flohbefall in den eigenen vier Wänden. Als Biologin und Baubiologin sah ich mich in der Lage, das Risiko und die Gefährdung für mich und mein Umfeld selbst einzuschätzen. Der Ratgeber entstand aber auch aus der Not heraus, mit der ich als ehemalig aktive Baubiologin in der täglichen Praxis konfrontiert wurde: Vielen Menschen fehlt das Geld, eine fachgerechte Bekämpfung durch einen Schädlingsbekämpfer aufzubringen. Was macht man dann? Wegschauen? Als ich in die unfreiwillige Situation kam, selbst mit einem Flohbefall im häuslichen Umfeld fertig werden zu müssen, ergab sich die Gelegenheit, all die Tipps, die ich Betroffenen bislang gab, in Eigenregie in die Tat umzusetzen und auch diverse Hausmittel auszuprobieren. Da ich selbst Allergikerin bin, konnte ich auch diesen Aspekt berücksichtigen.

Eine baubiologische Flohbekämpfung auf eigene Faust kostet bei vorhandenem Staubsauger vom Staubsaugerbeutel über Müllbeutel, Waschmittel, Kieselgur bis zum Niem-Spray bei einer 100 Quadratmeter Meter Wohnung etwa 50-100 Euro reine Materialkosten, der erhöhte Wasserverbrauch für die Waschmaschine und der erhöhte Stromverbrauch für den Staubsauger im Dauereinsatz sind nicht mit eingerechnet. Ebenso fehlten die höchsten Kosten: die eigene Arbeitszeit. Flohbekämpfung auf eigene Faust kostet vor allem Zeit, Nerven und Kraft. Außerdem braucht es einen entsprechenden Willen, Humor und eine Prise Kampfgeist. Ich kann nur jedem, der Flöhe hat, auf den Weg geben: Suchen Sie sich einen Staubsaugerroboter, denn der erledigt die gesamte täglicher Staubsauger-Routine auf dem Fußboden. Worauf Sie bei einem Kauf zu achten haben, erfahren Sie im Kapitel "Flohbekämpfung". Bitte lesen Sie dieses erst, bevor Sie auf "kaufen" klicken. Sollte man ein solches Gerät noch nicht besitzen, kommen zu den rund 100 Euro Materialkosten noch einmal 100 bis 200 Euro. Flohbekämpfung für ca. 250 Euro zuzüglich Arbeitszeit. Ihre Wohnung ist danach blitzblank und giftfrei.

Sollte man den Rat oder gar die Tat eines Schädlingsbekämpfers einholen müssen, ist es sinnvoll, sich einen Kostenvoranschlag mit Auflistung aller Positionen geben lassen, inklusive Nachkontrolle und Preisliste einer eventuell notwendigen Zweitbehandlung. Aus baubiologischer Sicht: Lassen Sie sich auch die Pestizide aufführen die verwendet werden sollen und deren technische Datenblätter aushändigen und informieren Sie sich, wie sie nach der Bekämpfung dieses Gifte schnell wieder aus dem Haus bringen können! Fragen Sie also vor Anwendung in Ihrer Wohnung z. B. bei den Verbraucherzentralen oder dem Institut für Baubiologie und Nachhaltigkeit in Rosenheim, dem Verband Deutscher Baubiologen, einen ortsansässigen Baubiologen, einem chemisch versierten Arzt, Allergologen oder dem örtlichen Gesundheitsamt nach, ob

- diese Stoffe gefährlich sind,

- wie lange diese wirken,

- mit welchen Nebenwirkungen beim Menschen zu rechnen ist

und wie man sie nach der Behandlung am besten wieder entfernen kann.

Nein, ein Schädlingsbekämpfer ist nicht billig. Deshalb müssen viele Menschen die Flohbekämpfung in die eigene Hand nehmen und treiben oftmals in guter Absicht den Teufel mit dem Beelzebub aus: Sie verwenden Fogger oder Sprays mit Pestiziden im Innenraum, klagen anschließend über Kopfschmerzen, Übelkeit, Haarausfall… und alles wird noch schlimmer. Eine baubiologische, ungiftige Flohbekämpfung kann gelingen. Sind Haustiere wie Hunde oder Katzen mit involviert, dann sieht die Lage anders aus, nicht schlechter, einfach anders. Hüpfen die Flöhe durch die Wohnung, braucht es vor allem Hartnäckigkeit, eine Waschmaschine, eine Badewanne, Niem, Kieselgur und einen Staubsauger. Aber schon in einer, spätestens zwei Wochen sollte das Gröbste überstanden sein.

Ich bin Baubiologin und Biologin, kein Arzt und kein Schädlingsbekämpfer. Zu Risiken und Nebenwirkungen befragen Sie daher Ihren Arzt, Apotheker, Tierarzt und/oder den Verbraucherschutz. Alle Tipps, die Sie hier in diesem Buch lesen, setzten Sie eigenverantwortlich um. Ich übernehme dafür keine Haftung. Eine Garantie, dass diese Tipps zu 100 Prozent wirken kann ich leider nicht geben, aber die Chancen stehen gut.

"Den Floh" gibt es nicht, aber viele Arten

Das Leben ist vielfältig. Und trotz Artensterben und massivem Pestizideinsatz schafft es der Mensch nicht, die 1600 Floharten zu dezimieren, die es weltweit gibt. In Mitteleuropa hüpfen immerhin davon rund 80 verschiedenen Arten herum, davon 95 Prozent auf Säugetieren, inklusive des Menschen. Die andern fünf Prozent sind vogelspezifische Flöhe, etwa auf Tauben. Diese verirren sich äußerst selten auf den Menschen und bleiben, sobald sie den Irrtum feststellen, auch nicht lange, vorausgesetzt das Nest sitzt nicht auf dem Fenstersims.

Von den 76 auf Säuger lebenden Floharten sind für uns Menschen nur die Arten interessant, mit denen wir mehr oder minder unfreiwillig in Kontakt kommen, überwiegend durch Haustiere, Besuche von befallenen Orten oder Zufallsbegegnungen. In Deutschland fallen unter die „üblichen Verdächtigen" im Wohnraum vor allem die Hundeflöhe (*Ctenocephalides canis*), Katzenflöhe (*Ctenocephalides felis*) und Igelflöhe (*Archaeopsylla erinacei*). Je nach Wohngegebenheiten kommen auch die beiden Rattenfloharten, *Xenopsylla cheopis* und *Nosopsyllus fasciatus* vor. Zum Glück sehr selten geworden ist der eigentliche Menschenfloh *Pulex irritans*, dafür tritt der Sandfloh *Tunga penetrans* dank Kontinentalreisen und Klimaerwärmung nun auch verstärkt im Mittelmeerraum auf. Von dort kann er als Urlaubsmitbringsel nach Deutschland reisen.

Einige der am häufigsten anzutreffenden Arten, die man bei einer Befragung von deutschen Kleintierpraxen vor fast 20 Jahren zusammengetragen hat, waren:

der Igelfloh *Archaeopsylla erinacei*,

der Hundefloh *Ctenocephalides canis*,

der Katzenfloh *Ctenocephalides felis*,

der Maulwurfsfloh *Hystrichopsylla talpae*,

der Rattenfloh *Nosopsyllus fasciatus*,

der Dachsfloh *Paraceras melis* und *Chaetopsylla globiceps*

der Menschenfloh *Pulex irritans*,

der Hühnerfloh *Ceratophyllus gallinae*,

der Entenfloh *Ceratophyllus garei*,

der an Vögeln parasitierdende *Ctenophthalmus assimilis* (bisher nur bis zur ungarischen Grenze vorkommend),

der Eichhörnchenfloh *Monopsyllus sciurorum*,

der Kaninchenfloh *Spilopsyllus cuniculi* und

der Waldmäusefloh *Typhloceras poppei*.

Es wäre interessant zu wissen, ob sich das Artenspektrum mittlerweile
verändert hat. Neuere Untersuchungen liegen mir leider nicht vor.

Katzen- und Hundefloh

Der Katzenfloh ist die am häufigsten im menschlichen
Wohnraum anzutreffende Flohart. Das ist nicht ungewöhnlich, da sich
Freigänger-Katzen gerne in allen möglichen Winkeln und Nischen
herumdrücken und von Flöhen unbefallene wie befallene Nagetiere
jagen. Da Tiere bei starken Flohbefall oft geschwächt sind, fallen sie
den Jägern leichter zum Opfer. Katzen sind somit für Flöhe die
prädestinierte Gruppe. Katzenbesitzer sollte daher den Pelz ihres
Lieblings gut im Auge behalten.

Aufgrund der hohen Eiproduktion kann man sich denken, wie die
Verteilung der einzelnen Floh-Stadien aussehen muss. Wüten die
Flöhe schon eine Weile im Haushalt sieht man nur ein bis fünf
Prozent der Population als springende Flöhe. 50 % aller Flöhe
befinden sich im Ei-Stadium irgendwo im Teppich, in Ritzen oder an
anderen dunklen, etwas feuchteren Orten. 35 % der Flohpopulation
kriecht als Larve im Hausstaub herum und zehn Prozent der Tiere
befinden sich einer für uns sehr ungünstigen Phase: in der
Puppenruhe - im Kokon gut geschützt vor Niem und Co.

Die "dicken" Flöhe sind immer die Weibchen. Beim Katzenfloh ist
das sehr auffällig, denn die Weibchen können mehr als doppelt so
groß werden wie die Männchen: zwei bis drei Millimeter. Ein
ausgewachsener Katzenfloh ist rotbraun und dank des länglichen
Kopfes schon unter dem Binokular recht gut von anderen Floharten

zu unterscheiden. Bei stärkerer Auflösung erkennt man eine Art "Halskrause" und einen "Bart". Das sind Stachelkämme aus Chitindornen, die der Biologe als Ctnidien bezeichnet. Die "Halskrause" mit dem unaussprechlichen Namen Pronotalctenidium, besteht beim Katzenfloh meist aus 16 Dornen. Der "Bart", auch Genalctenidium genannt, wird aus sieben Dornen gebildet. Zugegeben, man muss schon eine Vorliebe für Biologie haben, um so ein kleines Monster in einer brauchbaren Vergrößerung einmal genauer zu betrachten und sich dafür zu begeistern. Dann aber erschließt sich einem die wundersame Welt des Mikrokosmos und man staunt, mit welcher Raffinesse und bizarren Schönheit die Natur so einen lästigen Gesellen ausstaffiert hat.

Wer sich der Faszination der genaueren Betrachtung ergibt, wird ein weiteres Unterscheidungsmerkmal entdecken: Die sechs Einkerbungen an der Rückseite der kräftigen Sprungbeine, die jeweils in einer Borste münden. Es ist also kein Wunder, dass sich Flöhe derart bewehrt auch im flauschigen Katzenfell mühelos festhalten können.

Katzenflöhe habe eine Vorliebe für Katzen, doch sind sie keineswegs Nahrungsspezialisten. Ist keine Katze zugegen, beißen sie auch Hunde, Ratten, Mäuse, Marder, Igel und anderen Säugetiere, darunter auch den Menschen. Auf letzteren wechseln sie auch, wenn der Andrang auf einer Katze zu groß wird und eine gewisse Befallsdichte überschritten ist. In einem Haushalt mit Katze kann der Flohbefall durchaus so groß werden, dass trotz Anwesenheit eines Vierbeiners die Menschen angesprungen werden. Wer Meerschweinchen oder Hasen und einen Flohbefall hat, sollte diese ebenfalls auf Flöhe untersuchen. Es kann durchaus sein, dass die Parasiten auch auf die häuslichen Nagetiere überwechseln.

An dieser Stelle eine kleine Anmerkung aus persönlicher Erfahrung: Als wir zu Hause Flöhe hatten, blieben unsere Meerschweinchen davon verschont. Ich gehe davon aus, dies lag daran, dass sich der Meerschweinchenkäfig nicht in Bodennähe befindet und der verglaste und somit ringsum dichte Käfig auch noch einen konvexen Rand hat. Die Flöhe hätten demnach bildlich gesprochen blind über einen nach außen hervor gewölbten Schüsselrand in einem Meter Höhe springen müssen. Die Bewegungsstärke, Temperatur- und CO_2-Entwicklung von Meerschweinchen scheint den Flöhen signalisiert zu haben, dass dies die Mühe nicht wert ist. Da waren für die Flöhe unsere am Boden befindlichen Beine wohl leichter zu erreichen.

Katzenbesitzer haben wie Hundebesitzer auch einen großen Vorteil gegenüber Menschen, die keinen Vierbeiner zu Hause haben: Sie haben die Lieblingsspeise der Flöhe unter ihrem Dach. Dies führt dazu, dass sich die Flöhe mit Vorliebe an den Tieren verköstigen und die Herrchen und Frauchen oft vollständig unbehelligt bleiben. Es geht aber auch anders herum!

Und so ist dies ein ganz **typischer Fall,** sehr allgemein gehalten: Ein Katzenbesitzer, der noch nie von einem Floh gestochen wurde, wurde erst auf den Flohbefall seiner Katze aufmerksam, nachdem der Nachbar dezent auf die Parasiten des Vierbeiners hingewiesen hat. Auf der Terrasse des Nachbarn nämlich verbrachte der Freigänger regelmäßig seine dösigen Nachmittagsstunden. Dies führte dazu, dass der Nachbar, der sich abends auf die Terrasse und das Polster, auf dem die Katze geschlafen hatte, setzte, anschließend die Floheier mit in seine Wohnung schleppte, wo die springende Brut sich prächtig entwickelte und den Nachbarn anfingen zu piesacken. Der Nachbar tappte lange im Dunkeln, bis er eines Tages tatsächlich einen springenden Floh sah. Er konnte sich aber zuerst keinen Reim darauf machen, wie dieser in die Wohnung kam. Als er aber die Katze auf der Terrasse mehrfach beim ausgiebigen Kratzen beobachte, ging ihm ein Licht auf und der sprach den Katzenbesitzer an. Letzterer verneinte zuerst vehement den Flohbefall seiner Katzendamen, sorgte er sich doch rührend um das Tier und Flöhe haben aus seiner Sicht nur verwahrloste Tiere und in seinen Haushalt ist überhaupt nichts unrein. Der befallene Nachbar ging etwas ratlos nach Hause und fing an zu putzen und zu saugen, wie es seine Freizeit zuließ. Die Katze auf der Terrasse verscheuchte er schweren Herzens. Die Polster, auf der sie immer saß entsorgte er ebenso mit betrübter Miene. Der Katzenbesitzer selbst wurde durch die Ansprache seines Nachbarn stutzig und beobachtet die Katzendame. Als er sie mehrfach beim Kratzen ertappte, kämmte er ihr Fell durch und fand: Flöhe! Heimlich, ohne seinen Nachbarn zu informieren, marschierte er zum Tierarzt und ließ der Katze ein Spot-on-Präparat verschreiben. Vier Wochen später hatte der Katzenbesitzer eine überaus ausgeglichene Katze. Der Nachbar jedoch, der irgendwo in der Wohnung eine Ecke übersehen hatte, litt noch weitere vier Wochen unter dem Flohbefall, bis er mit den Ratschlägen eines Baubiologen und einer Kombi-Behandlung mit Kieselgur und Niem endlich den ersehnten Erfolg hatte.

Das ehemalige Katzen- und Hundebesitzer plötzlich über Flohbefall klagen, nachdem ihr **Haustier verstorben** ist, ist typisch. Dann nämlich, wenn das Tier im Haus wegfällt, fehlt den Flöhen ihre bevorzugte Nahrungsquelle. Sie hüpfen auf der Suche nach Nahrung herum, bis sie notgedrungen auf den Menschen ausweichen. Immer noch besser als zu verhungern - denkt sich so ein Floh, wenn er denn denkt.

"Mein Hund hat Flöhe!", ist ein Satz, den wohl nur Tierärzte direkt zu hören bekommen. Die wenigsten Hundebesitzer werden sich beim

Nachbarn oder gegenüber Spaziergängern outen. Hundebesitzer haben im Durchschnitt etwas weniger Probleme mit Flöhen als Katzenbesitzer, da sich Hunde shampoonieren lassen und schwimmen gehen können. Auch sind sie durch die Leinenpflicht und die Größe nicht immer in der Lage, durchs dichte Unterholz zu springen, so wie das Katzen machen.

Der Siegeszug der Flöhe ist vor allem einer Eigenschaft zu Schulden: Flöhe sind nicht wählerisch. Daher findet man auf Hunden auch Katzenflöhe, Hühnerflöhe und Igelflöhe. Vorrangig auf dem Land suchen Hundeflöhe auch tatsächlich Hunde heim. Ob das daran liegt, dass hier mit Hundeflöhen befallenen Hundeartige wie Füchse häufiger anzutreffen sind und Landhunde auch als Jagdhunde in Dachsbauten eingesetzt werden, in den auch der Fuchs als Untermieter vorkommt, bleibt Spekulation. Der Katzenfloh ist die am weitaus häufigsten anzutreffende Flohart. Auf Katzen findet man ihn zu 90 %, auf Hunden in fast 80 % der Fälle.

Hundeflöhe sind ein wenig größer und wirken kompakter in der Form, als die kleineren und schlankeren Katzenflöhe. Es gibt noch mehr Unterschiede im Detail, was letztlich aber nur den Fachmann nützt, der die Tiere bestimmen muss. Schon der Größenunterschied zum Katzenfloh bewegt sich in einer Ordnung, die sich ohne Mikroskop und Messeinheit kaum feststellen lässt.

Rattenfloh

Ratten und Flöhe, eine Kombination, die vielen Menschen bis heute das Blut in den Adern gefrieren lässt. Ratte + Floh = Pest, so könnte man das stark reduzieren. Schauen wir genauer hin.

Es gibt zwei Gattungen von Rattenflöhen: die europäische (*Nosopsyllus fasciatus*) und die orientalische (*Xenopsylla cheopis*). Beide kommen sie weltweit und somit auch bei uns vor, doch vor allem *X. cheopis* bestimmt bis heute die Schicksale der Menschen.

Früher einmal mag die europäische Wanderratte und mit ihr die auf ihr lebenden Flöhe der Gattung *N. fasciatus* nur auf Europa begrenzt gewesen sein, doch verbreitete sich die Wanderratte schnell über die ganze Welt und mit ihr auch der Floh.

Der orientalische Floh hingegen lebte ursprünglich nur auf der Nilgrasratte, doch wechselte er mit dem Auftreten der Wanderratte auch auf diese Ratte. *X. cheopis* war es, der **Yersinia pestis**-Bakterien in sich trug. Der orientalische Rattenfloh brachte also den schwarzen Tod mit, als er in Europa angekommen, von der Wanderratte auf die Hausratte überwechselte. Die Ratten sind keineswegs immun gegen die **Pest**. Auch sie sterben! Das konnten schon unsere Vorfahren beobachten, denn einer Pestwelle ging immer ein Rattensterben voraus. Und was macht ein Floh, wenn das Blut gerinnt und sein Wirt stirbt? Bevor er auf einer toten Ratte verhungert, sucht er sich etwas, das halbwegs schmeckt: Menschen.

Noch heute kommt es immer wieder zu vereinzelten, aber sehr heftigen Ausbrüchen der Pest, zum einen, weil der Mensch in immer tiefere Gebiete der Wildnis vordringt, in denen Flöhe mit

Pesterregern zu finden sind, zum anderen schippern wir "Pestflöhe" auch heute noch mit Ratten kreuz und quer durch die Welt. An die Nachrichten vom letzten großen Pestausbruch auf Madagaskar 2014 mag sich noch so mancher erinnern. Jedes Jahr sterben 1000 bis 3000 Menschen selbst heute noch am Fleckenfieber - überwiegend in ärmeren oder abgelegen Teilen der Welt. Der Pesterreger findet sich nicht nur in Ratten und Mäusen, sondern auch in so possierlichen Nagern wie Eichhörnchen oder Erdhörnchen - den Chipmunks.

Keine Angst. Ein Antibiotikum, rechtzeitig verabreicht, bekämpft den Pesterreger. Doch wie kommt das Bakterium in den Menschen? Irgendwo auf der Welt gibt es ein Reservoir z. B. in Form einer infizierten Population von bestimmten Nagetieren in den Rocky Mountains. Rattenflöhe nehmen durch das Saugen an so einem an Pest erkranktem Tier jede Menge *Yersinis pestis*-Bakterien auf. Das Bakterium bewirkt, das der Vormagen im Floh regelrecht verstopft wird. Der Magen-Darm-Trakt bleibt somit leer, der Floh ist nicht satt und sticht hungrig den nächsten Wirt. Dabei löst sich der Klumpen und der Floh erbricht sich und gibt damit jede Menge neue Bakterien über den Stich an den neuen Wirt ab. Dieser erkrankt an der Pest und wird von anderen, nicht infizierten Flöhen gestochen, die den Erreger dann ebenfalls übertragen. Ein raffinierter und einfacher wie tödlicher Zyklus nimmt seinen Lauf. Das beste Mittel auf Reisen in entsprechende Gebiete ist die Prophylaxe. Diese ist simpel, denn sehr häufig reichen schon die handelsüblichen Anti-Mückenmittel als Repellent aus. Dennoch sollte auch hier vor einer Reise das Tropeninstitut oder das Auswärtige Amt nach geeigneten Schutzmaßnahmen befragt werden.

Wird man bei uns in Deutschland von einem Rattenfloh gestochen, muss man keine Angst vor der Pest haben. Manchmal kommt es zu einer Sekundärinfektion der Stichstelle durchs Kratzen.

Auch schleppt der Rattenfloh mitunter Erreger ein, für die der Mensch als Zwischenwirt dient, etwa den Rattenbandwurm (*Hymenolepis diminuta*) oder Zwergbandwurm (*Hymenolepis nana*). Darüber hinaus können Flöhe unspezifische, nicht auf Flöhe allein festgelegte Krankheitserreger übertragen. Dazu gehören Salmonellen, Rickettsien und Shigellen. Wissen und handeln, ohne Panik, ohne Angst, aber zielgerichtet und gesundheitsorientiert, ist wichtig und richtig. Nicht jeder Floh ist mit einem Erreger infiziert und in den meisten Fällen ist es nur ein Stich der juckt und nach ein paar Tagen verheilt.

Am Stich selbst lässt sich kaum unterscheiden, welcher Floh zugestochen hat. Ob Hunde- oder Katzenfloh: Es hilft nur, einen zu fangen und diesen zu einem Experten, etwa Mitarbeiter eines zoologischen Instituts, einem versierten Tierarzt, Biologen oder ähnlichem Sachkundigen zu bringen. Fachleute unterscheiden die Floharten z. B. unter dem Binokular an der Kopfform und anderen Merkmalen.

Vor den als Haustier gehaltenen Farbratten muss man sich nicht fürchten. Sie haben keinen Kontakt zur Haus- oder Wanderratte. Sollte eine Zuchtratte dennoch mal Flöhe habe, darf auf keinen Fall ein Anti-Flohmittel für Hunde oder Katzen an ihr angewendet werden. Daran verendet mitunter nicht nur der Floh, sondern die Ratte gleich mit. Fragen Sie Ihren Tierarzt nach einem geeigneten Präparat und lassen Sie gegebenenfalls die Flöhe direkt bestimmen. Sollte es sich tatsächlich um Rattenflöhe handeln, sollten Sie sich dringend auf die Suche nach der Quelle für den Flohbefall begeben. Vorhandenen Rattenflöhe können ein Zeichen dafür sein, dass befallenen Wander- oder Hausratten sich in der Umgebung herumtreiben.

Igelfloh

Für den Igelfloh *Archaropsylla erinacei* gilt im Prinzip das, was für die vorangegangenen Flöhe schon geschrieben wurde, nur das der Igelfloh eben gerne auf und am Igel lebt. Fehlt ihm dieser, ist er durchaus bereit auch auf Hund, Katze oder Mensch zu leben. Es kann somit auch zu einem Flohbefall im Haus kommen, wenn des Nachts ein Igel im Garten herumstreift und Floheier während des kulinarischen Besuches am heimischen Komposthaufen oder einem anderen Ort landen. Die Flohlarven leben vor organischen Partikeln, sie können sich damit überall im Garten bis zum erwachsenen Floh entwickeln. Natürlich sind Orte, an denen sich Igel mit Vorliebe aufhalten, mit höherer Wahrscheinlichkeit mit Floheiern kontaminiert.

Wer vermutet, einen mit Flöhen befallenen Igel im Garten zu haben, sollte sich daher mit einem Repellent wie Niem einsprühen, bevor er oder sie sich an die Gartenarbeit begibt, Laub schichtet und den Komposthaufen umgräbt. Ein 100 %iger Schutz ist das nicht, aber Niem verringert immer hin ganz erheblich die Attraktivität gegenüber Flöhen.

Die erwachsenen zwei bis drei Millimeter großen Igelflöhe haben, wenn man sie im Mikroskop oder unter dem Binokular betrachtet, lediglich zwei der drei wie Zähnchen wirkenden Stacheln am Kopf, wodurch sie sich von den Hunde- und Katzenflöhe mit ihren ausgeprägten Stachelkämmen gut unterscheiden lassen. Dem Fachmann helfen solche Informationen, den Ursprungsort Ihres Flohbefalls einzugrenzen. Daher kann es hilfreich sein, zu wissen, um was für einen Floh es sich handelt.

Der Igelfloh überträgt die gleichen Erreger wie Hunde- und Katzenflöhe. Auch bei Igelfloh-Stichen sollte möglichst nicht gekratzt werden und beim ersten Anzeichen einer Infektion mit ungewöhnlich starken Hautrötungen, Fieber oder Entzündungen sofort ein Arzt aufgesucht werden.

Sandfloh

Der Sandfloh *Tunga penetrans* sei ergänzend erwähnt, weil man ihn nicht nur in Südamerika und Afrika findet, sondern er vereinzelt bereits am Mittelmeer anzutreffen ist. Es gibt erste Hinweise, dass er dort auch überleben und sich vermehren kann. Die Klimaerwärmung macht es möglich. Also sei hier jener kleine Horrorparasit vorgestellt, der bisher noch unterschätzt wird. Getreu dem Motto: Es wird schlimmer, hier der Lebenszyklus des Sandflohs.

Er gehört zu den kleinsten Floharten. Das macht das Erkennen mit bloßem Auge schwer. Die weiblichen Flöhe sind gerade mal einen Millimeter groß. Man sieht sie, wenn überhaupt, nur auf einem weißen Papier als winziges schwarzes Pünktchen. Etwas so, als hätte man eine Nadelspitze in Farbe getaucht und damit einen Tupfer auf ein Papier gesetzt. Und nun suchen Sie im Sand nach so einem Pünktchen...

Die Sandflöhe springen maximal einen Meter hoch. Meist bewegen sie sich aber in Höhen, die den Fußknöchel nicht übersteigen. Sie leben also recht bodennah. Stechen ist Frauensache. Nur die Weibchen befallen den Menschen. Mit Vorliebe suchen sie sich dabei einen Platz zwischen den Fußzehen oder unter den

Zehennagel. Barfuß durch den Sand zu laufen ist an Orten mit Sandflöhen keine gute Idee. Das Sandflohweibchen sticht nicht einfach, sondern es nistet sich selbst in die Haut ein. Es wird dort die nächsten fünf Wochen verbringen und an diesem Ort auch sterben. Nach dem Abheilen des Stichs wird das Weibchen durch die natürliche Regeneration der Haut zusammen mit den Hautschüppchen abgestoßen. Doch in dieser fünf Wochen wird es seinen Wirt noch viele schlaflose Nächte bereiten.

Nach dem Stich bohrt es sich so weit in die Haut, bis es ein Blutgefäß erreicht. Dann saugt es sich voll und schwillt an. Erst jetzt beginnt der Juckreiz - das kann schon einige Minuten nach dem Stich sein oder erst zwei Tage später. Anfangs ist nur ein roter Punkt zu sehen. Wer ganz genau hinschaut, der sieht mittig noch ein winziges schwarzes Pünktchen im Zentrum: das Flohweibchen, genauer gesagt die Atem- und Geschlechtsorgane, die nach Außen schauen. Der Rest des Tieres steckt geschützt unter der Haut.

Befallene haben plakativ ausgedrückt ein wanderndes Bordell zwischen den Zehen, denn fortan können zufällig vorbeihüpfende Männchen diese aus der Haut heraushängende Geschlechtsorgan befruchten. Das Weibchen lässt die befruchteten Eier einfach fallen, in der Hoffnung, dass diese im Sand landen. Und weil die Hoffnung eine wage ist, produziert er mehrere tausend Eier. Aus diesen in den Sand gefallenen Eier schlüpfen nach einer halben Woche Larven, die für drei Wochen unsichtbar für das menschliche Auge, durch den Sand kriechen. Dann entwickeln sie sich zu adulten Flöhen.

Zwischen den Zehen des menschlichen Fußes lebt das Weibchen auf diese Weise etwas länger als einen Monat. Dabei gibt es diverse Veränderungen zu beobachten: Zwei Tage nach dem Stich wurde aus dem roten Punkt ein weißer Fleck, der immer dicker wird. Man fragt sich, was das wohl ist. Es juckt, sieht aber aus wie eine Warze oder ein Furunkel. Ein paar Tage später wird das Gebilde immer praller und glänzender, grenzt sich scharf vom übrigen Gewebe ab. Das Jucken wird unerträglich. Psychologisch ist die aufkommende Ratlosigkeit und Unsicherheit nicht zu unterschätzen. Nach gut drei Wochen berichten Betroffene meist von einem deutlichen Fremdkörpergefühl an der Stelle, wo der Floh sitzt. Es juckt nicht nur, es schmerzt auch. Das Weibchen nutzt den Wirt dann noch weitere zwei Wochen für seine Zwecke und lässt sich durch die Gegend tragen, immer in der Hoffnung auf ein neues Flohmännchen, das seine Eier befruchten kann. Nach fünf Wochen stirbt das Weibchen, das Gebilde wird weicher und verkrustet schließlich. Das Abheilen verläuft meist ohne große Komplikationen.

Der Floh hat es in sich und ist alles andere als komplikationslos! Sollten Sie befallen sein, auf keinen Fall versuchen den Floh auszudrücken oder abzukratzen oder ihn sonst wie zu entfernen. Gehen Sie zu einem Arzt! Entzündungen durch Sandflohbisse können heftig werden, denn der Floh bildet einen regelrechten offenen Kanal zwischen Außenwelt und dem von ihm angezapften Blutgefäß.

Bisher ist Tungiasis nur in den Slums Südamerika und in den ärmeren Schichten Afrikas zu finden. Dreiviertel aller Befallenen sind in solchen Gegenden Kinder, weil sie es sind, die barfuß im Sand spielen.

Etwas Beruhigendes zum Schluss dieser Horrorgeschichte: Sollten Sie sich einen Sandfloh im Urlaub eingefangen haben und das Flohweibchen unwissentlich zwischen den Füßen mit nach Hause gebracht haben, dann ist seine Existenz ohne Männchen sinnlos. Und sollte es im Gepäck aus dem Urlaub zufällig auch noch ein Sandflohmännchen mit nach Mitteleuropa geschafft haben: Die

Larven können sich ohne Sand nicht entwickeln - allenfalls im städtischen Sandkasten. Das ist ein Szenario, das die nächsten Generationen auf Grund der Klimaerwärmung bereits miterleben könnten.

Vorsorge hilft. Das Tragen von offenen Badelatschen ist leider kein ausreichender Schutz. Festes Schuhwerk hingegen kann das Risiko befallen zu werden, drastisch senken. Fragen Sie vor Ort nach dem wirksamsten Abwehrmittel. Die Einheimischen wissen oft am Besten, was die Tiere wirklich abschreckt. Ob Niem als Repellent auf Sandflöhe wirkt, konnte ich bisher nicht in Erfahrung bringen. In solchen Regionen würde ich auch keine Experimente wagen. Im Zweifelsfall fragen Sie in einem Tropeninstitut nach.

Menschenfloh

Der letzte im Bunde, der für den Menschen zurzeit noch relevant ist, ist der Menschenfloh.

Interessanterweise zeigt sich hier, dass ein Fakt über "die Flöhe", die man in der Allgemeinheit findet, tatsächlich zutreffend ist und das, obwohl der Menschenfloh seit Jahrzehnten schon so gut wie kaum noch auftritt. Flöhe sollen angeblich Nester machen. Wenn Ihnen also irgendeine sogenannte Fachkraft erzählt, Sie sollten sich zu Hause auf die Suche nach Flohnestern begeben, dann fragen Sie die Fachkraft zurück: "Meinen Sie wirklich ,ich habe *Pulex* zu Hause?"

Der Menschenfloh lebt, anders als die meisten Flöhe, nicht ständig auf seiner Nahrungsquelle, sondern er baut tatsächlich kleine, fast sand- bis reiskorngroße, kokonförmige **Nester**, die man zwischen Dielen, in Ritzen, im Teppichgewebe oder in den Ecken von Bettrahmen oder Matratzen finden kann. Sie sehen ein wenig aus wie kleine Fussel, weshalb man sie nur erkennt, wenn man etwas Übung darin hat und weiß, wonach man suchen muss.

Pulex irritans ist der Scheue unter den Flöhen. Er kommt nur im Dunkeln aus seinem Nest, hüpft schnell zu seinem Essen, frisst und verschwindet wieder. Er ist lichtscheu und wird deshalb auch nicht wirklich gut auf Flohlichtfallen anspringen.

Wenn Sie tagsüber einen Floh herumspringen sehen, dann ist das mit sehr großer Wahrscheinlichkeit kein Menschenfloh. Und überhaupt ist der Menschenfloh sehr selten geworden. Man findet ihn nur noch im tiefsten ländlichen Raum, in Scheunen oder Bauten von Tieren. Auch der Menschenfloh ist nicht zwingend an menschliches Blut gebunden. Einst lebte er mit großer Vorliebe in Dachsbauten, bis der Mensch sich entschloss, sesshaft zu werden. Der Mensch kehrte wie der Dachs regelmäßig in seine Behausung zurück, einst waren das schummrige Höhlen. Somit eignete er sich hervorragend als Wirt. Dies fand ein Ende, als der Mensch begann, modern zu leben, sich regelmäßig zu waschen, seine Wohnung mit Staubsaugern zu bearbeiten und die Zentralheizungen einführte. Der Menschenfloh legt heute wieder Wert auf einen natürlichen Lebensraum und ist in den Dachsbau zurückgekehrt. Mitgenommen hat er nur seinen Namen: Menschenfloh, lateinisch *Pulex irritans*.

Der Menschenfloh diente wie der Rattenfloh als Überträger des Fleckenfiebers, einer Form der Pest. Es ist also nicht verwunderlich, dass zur Zeit der großen Seuche, als es alle Arten von Flöhen in den Häusern gab, sich *Yersinia pestis* dermaßen schnell ausbreiten konnte. Der Mensch von damals war gepeinigt.

Woran kann man nun **Menschenflohbisse** von Katzen- oder Hundeflohbissen unterscheiden? Das ist schwer zu beantworten. Katzen- und Hundeflöhe leben überwiegend auf Höhe dieser Tiere. Stiche werden daher zuerst beim Menschen verstärkt an den Beinen auftreten. Wenn der Floh sich entschlossen hat, wirklich länger als eine oder zwei Mahlzeiten am Menschen zu verbringen, finden sich vereinzelt auch Stiche am Oberkörper. Schwerpunkt wird aber die Beinregion bleiben - es könnte ja eine schmackhafte Katze vorbeikommen. Der Menschenfloh ist da anders. Er hat jahrhundertelang mit so einen langen Zweibeiner gelebt, kann sich in der Kleidung seines Wirts optimal bewegen, hat keine Vorliebe für "niedere Vierbeiner". Er wird mit dem Auftreten gleichmäßig verteilt am Menschen stechen - von Kopf bis Fuß. Allerdings ist das nur ein Indiz.

Und der Menschenfloh ist der einzige Floh, bei dem Sie sich tatsächlich auf die Suche nach Nestern machen können. Meist findet man nicht nur eines, sondern gleich mehrere an einem Ort.

Ein weiteres Indiz neben dem eindeutigen Beweis vorhandener Menschenflohnester ist das Fraßbild an sich, das die stechenden Flöhe manchmal zurücklassen. Während Hunde- und Katzenflöhe oft - aber nicht immer - im Dreieck stechen, werden beim Fressen ungestörte Menschenflöhe eher dazu tendieren, mehrfach hintereinander zuzustechen. Das Fraßmuster gestaltet sich also eher linienförmig, als hätte man die Stiche auf eine Perlenkette aufgefädelt. Das macht die Unterscheidung zu Bettwanzen nicht ganz einfach. Solche in einer Linie aufgereihten Menschenflohstiche finden sich nicht nur an den Beinen, sondern auch am Rücken und den Oberarmen - bevorzugt unter der Kleidung und immer in der Nacht gestochen, denn er ist ja lichtscheu.

Vereinzelt findet man Berichte, dass Menschenflohstiche extremer jucken sollen als Flohstiche anderer Flöhe. Das ist sehr subjektiv. Auch wenn es "nur" der Katzenfloh ist: die Stiche jucken und machen einen verrückt, zusammen mit dem Wissen, dass da nun so ein Plagegeist auf einem herumhüpft. Zu Flohstichen kann ich sagen: Sie jucken mehr als Mückenstiche und vor allem deutlich länger. Doch dazu mehr im Kapitel zu den Indizien für einen Flohbefall.

Flöhe sind zähe, kleine, widerspenstige, hartnäckige und keineswegs wirtsspezifische Lebewesen, wie man gemeinhin annimmt. Ein Katzenfloh kann auch auf einem Hund überleben. Der Hundefloh zum Menschen springen und sich dort vermehren. Der Menschenfloh, der ursprünglich auf dem Dachs wohnte, saugt zur Not auch an der Katze. Besser als verhungern und sich nicht weitervermehren. Ihre Kleinheit, Anpassungsfähigkeit, die Eigenschaft nicht zwangsläufig an ein bestimmtes Blut gebunden zu sein und ihre Gewandtheit ließen Flöhe bis heute überleben - trotz des massiven menschlichen Pestizideinsatzes, der sie immer resistenter gegen solche Mittel werden lässt. Und so hören immer mehr Menschen zu Hause schon „die Flöhe husten".

Lebensweise von Flöhen ganz allgemein

Werfen wir einen Blick in das Leben unseres Plagegeistes: Die Eier des Flohs sind 0,5 bis 0,6 mm lang, oval, milchig-weiß und glänzend. Nach vier bis zwölf Tagen schlüpfen daraus die anfänglich einen Millimeter großen und mit einer braunen Kopfkapsel versehenen gelblichen Larven, die in den nächsten ein bis drei Wochen auf bis zu sechs Millimeter wachsen und sich dann verpuppen. Meist verbringen die Flöhe zwei Wochen in der Puppenruhe - so lange dauert es, bis die Metamorphose der Larve zum erwachsenen, springfähigen Floh vollzogen ist. Sind die Bedingungen günstig und verspricht die Umwelt durch Vibration in der Nähe einen Wirt, schlüpft der Floh. Ist es in der Umgebung der Puppe vibrationsfrei oder kalt, kann die Puppenruhe bis zu neun Monate andauern! Nach dem Schlupf und der Begattung ist der Floh in seinen nächsten sechs bis acht Lebenswochen als adultes Tier in der Lage, täglich 30 bis 50 Eier zu legen! Zur Lebensspanne eines ausgewachsenen Flohs gibt es sehr unterschiedliche Angaben. Diese reicht von acht Wochen (ohne Nahrung und in einer recht feuchten Umgebung) bis hin zu zwei Jahren, wenn der Floh regelmäßig Blutmahlzeiten bekommt!

Wenn ein Floh Blut gesaugt hat, legt das Weibchen etwa 24 bis 36 Stunden später **Eier** ab. Diese lässt es da fallen, wo es sich gerade aufhält. Die winzigen Eier sind kaum mit bloßem Auge zu sehen. Da Flöhe sich aber überwiegend dort aufhalten, wo regelmäßig ihr Wirt zu finden ist, kann man eine beträchtliche Ansammlung von Eiern an Schlafplätzen von Haustieren oder auf Sofas finden. 50 % der Flohpopulation befindet sich bei einem Befall in diesem Stadium.

Ein bis sechs Tage später schlüpft aus dem Ei eine **Flohlarve**.
Diese kann man mit viel Glück (z. B. im Staubsaugerbeutelinhalt)
sehen, denn diese ist oft zwischen zwei und sechs mm lang und sieht
aus wie ein borstiger Wurm. Die Larve ist lichtscheu und bewegt sich
nach dem Schlupf in dunkle Winkel einer Wohnung, in Sofaritzen
oder tiefer in den Teppichflor hinein. Sie braucht eine relativ hohe
Raumluftfeuchte von 65 bis 90 %, weshalb sich Flöhe und Schimmelpilze meist zusammenfinden lassen. Die Flohlarve ernährt sich von
Hautschüppchen, organischem Schmutz im Staub, aber vor allem
auch vom bluthaltigen Kot der erwachsenen Flöhe. Im letzten
Larvenstadium fressen die Larven sogar Floheier und werden somit
zu Kannibalen. Dies als kleiner Trost, auch wenn sie nicht alle Eier
fressen.

Je nachdem wie optimal die Bedingungen sind, entwickeln sich die
Larven in drei Stadien. Bei Zimmertemperaturen von sommerlichen
24 °C geschieht diese Entwicklung in fünf Tagen, bei winterlichen
Schlafzimmer-Temperaturen von 15 °C braucht die Larve dafür bis zu
45 Tage! Betrachtet man den ganzen Befall, so macht das
Larvenstadium 35 % der Population aus.

Dann verpuppt sich die Larve und vollzieht die Metamorphose
wie jedes Insekt zum erwachsenen Tier. Dabei spinnt sie sich einen
Kokon ähnlich dem der Seidenraupe. Allerdings ist der Seidenfaden
klebrig und haftet gut an Haaren, Textilfasern oder Ähnlichem. Der
organische Umbau zum adulten Tier ist bei 24 °C in gut einer Woche
abgeschlossen, bei 15 °C dauert das mitunter dreimal so lang.

Der Floh schlüpft nicht sofort, sondern braucht einen Schlupfreiz.
Das sind vorrangig Erschütterungen, aber auch Druck auf die Puppe,
eine Temperaturerhöhung oder eine Erhöhung der Kohlendioxid-
konzentration in der näheren Umgebung. Auch wenn das Wetter

umschlägt, kann eine Flohpopulation regelrecht explodieren. Findet nichts davon statt, verharrt der Floh in der **Puppenruhe**. Bei ungünstigen Bedingungen kann er so neun Monate überdauern. Gelegentlich finden sich auch Angaben von bis zu einem Jahr.

Das zeigt, um schon einmal vorzugreifen, wie wichtig Staubsaugen (Erschütterung, Druck, z. T. auch Wärmeentwicklung) ist und es keine gute Idee ist, den befallenen Raum nicht mehr zu betreten oder das Bett zu meiden, in dem man gestochen wird. Das Animieren zum Schlupf gehört zu einer der wichtigsten Aufgaben bei der baubiologischen Flohbekämpfung, denn das Puppenstadium ist das am schwierigsten zu bekämpfende Stadium. Es macht etwa 10 % der Population aus.

Aus den Puppen schlüpfen die **Flöhe**. Die springenden, erwachsenen Tiere machen jene fünf Prozent einer Population, die tatsächlich für das menschliche Auge sichtbar ist und die uns piesacken. Ohne Blutmahlzeit überlebt ein Floh knapp zwei Wochen in häuslicher Umgebung bei angenehmen 22 °C und 60 % Raumluftfeuchte. Je hungriger der Floh ist, desto weniger wählerischer ist er. Eine Maus kann einem Floh ebenso zum Überleben dienen wie ein Mensch. Es ist richtig, dass der Mensch ein Fehlwirt ist, aber zu glauben, dass der Floh deswegen früher oder später eingeht, ist falsch. Er vermehrt sich auch in haustierfreien Haushalten, wie ich leidlich am eigenen Körper erleben durfte und wie es mir auch andere Flohgeplagte berichten und berichteten.

Ist es kälter, etwa 16 °C mit bis zu 100 % Raumluftfeuchte (Herbstwetter) dann kann ein Floh ohne Nahrung auch bis zu sechs Wochen überleben!

Hat er einen Wirt gefunden, liegt die normale Lebenserwartung eins adulten Tieres meist bei vier Wochen bis fünf Monate mitunter auch deutlich länger!

Für die Blutmahlzeit braucht ein Floh lediglich zwei bis sechs Minuten. 24 Stunden später beginnt die Eiablage. Zusammengefasst dauert ein kompletter Zyklus vom Ei bis zur nächsten Generation etwa vier Wochen, kann sich aber auch über mehrere Monate erstrecken. Im Schnitt legt ein einziges Flohweibchen rund 2000 Eier in seinem Leben! In einem Schuppen oder einer befallenen Scheune kann sich in acht Wochen eine Flohpopulation von 125.000 Flöhen aufbauen. Lebt ein Flohweibchen unter guten Bedingungen, kann es in zwei Jahren 1,5 Millionen Flöhe hervorbringen - rein rechnerisch! Im Wohnraum passiert das eigentlich nicht, da durch das normale Staubsaugen viele Tieren vernichtet werden. Es zeigt aber, wie wichtig es ist, auch seine Umgebung im Auge zu behalten.

All diese Umstände demonstrieren, was den Floh so erfolgreich und seine Bekämpfung so schwierig und langwierig macht. Doch keine Panik. Sie halten mit diesem Buch jede Menge Tipps in der Hand, mit denen es Ihnen möglich sein sollte, die Flöhe ohne die große chemische Keule zu bekämpfen.

Indizien für einen Flohbefall

Da im Wohnraum überwiegend Katzen- oder Hundeflöhe auftreten, sei zur Vereinfachung gesagt, dass, wenn ich diese beiden Arten meine, wenn ich von Flöhen schreibe. Sollte das hier Folgende nicht so recht auf Ihre Situation zutreffen, lesen Sie bitte im Kapitel zum Menschenfloh nach. Vielleicht hat Sie ja wirklich ein seltenes Exemplar heimgesucht. Auch Milben oder Bettwanzen können flohähnliche Symptome verursachen.

Flöhe haben oft eine Vorliebe für Beine. Hier finden sich Flohstiche meist zuerst. Natürlich habe sie keinen wirklich Faible für Beine. Dieses Gebiet ergibt sich schlicht aus der Tatsache heraus, dass sie von Boden bis Kniehöhe überwiegend ihren Lebensraum finden: Katzen oder Hunde, Ratten oder Wildtiere. Wenn sie ihren Wirt verlassen, hüpfen sie am Boden herum und springen in gemächlichem Tempo in Kniehöhe auf den nächsten Wirt. Sie können auch anders. Wenn sie von Katze zu Katze hüpfen, oder in einigen Meter Entfernung ein brauchbarer Wirt entlang spaziert, dann schaffen sie zwei bis drei Meter Höhe aus dem Stand heraus. Diese Leistung erbringen sie ohne Rückenwind. Es wurden Maximalweiten von bis zu sechs Meter gemessen. Doch das sind Extreme. So finden sich die ersten Stiche meist am Bein. Ist der Floh mal angekommen, hüpft er die Hose hoch bis zum Kopf. Die Stiche können sich dann am ganzen Körper verteilen.

Da wir unsere Betten machen, sie absaugen und neu beziehen, findet ein vereinzelter Floh schnell sein Ende. Hat man Glück im Unglück und der Floh war ein männliches Exemplar oder man hat alle vom Weibchen fallengelassene Eier zufällig erwischt, ist der Spuk schnell vorbei. Das ist ein Grund, warum man in gut geführten Hotels selten von Flöhen befallen wird. Voraussetzung ist, dass der Staubsauger schnell geleert wird, was in Hotels nahezu täglich passiert. Dennoch kommen Flöhe häufiger vor, als man denkt. Und wir haben dank unseres hygienischen Standards die Plage auch meist im Griff.

Dennoch: Gelegentlich kann es vorkommen, dass man sich einen trächtigen Floh eingefangen hat. Dieser lässt seine Eier fallen. Irgendwo. Überall. Im Bett, im Hosenkrempel, im Schuh, auf dem Beifahrersitz des Autos. So kann es sein, dass ab etwa zwei Wochen plötzlich mehr als ein Floh herumspringt und neue Stiche auftreten. Das scheint jemandem, der kein Haustier hat und keinen Floh vermutet, zunächst rätselhaft. Sitzt der Floh vorerst im Bett, finden der Flohgeplagte überwiegend morgens neue Stiche - und rätselt. Andere werden gestochen, wenn sie die Arbeitshose wieder anziehen. Man vermutet eine Allergie auf einen Stoff. Stiche im Auto deutet man meist auf „irgendwelche Insekten", die eben ins Auto geflogen sind. Wenn man dann über Tage oder gar Wochen gestochen wird, geht die Suche nach der Ursache endlich richtig los. Hat man alles Wahrscheinliche ausgeschlossen, bleiben meist Milben, Bettwanzen oder Flöhe übrig.

Fraßmuster am Menschen

Klingt wie ein Horrorszenario: Fraßbilder. Letztlich betrachtet man nur die Einstichstellen. Aufgefressen wird keiner, auch wenn sich genau dieser Gedanke dem Flohgepeinigten aufdrängt. Da man meist kaum Vergleiche hat, ist es schwer Mücken-, Floh-, Bettwanzen oder Milbenbisse zu unterscheiden.

     Flöhe, die (un-)heimliche Page

Vorneweg: Ja, wenn man nur einen einzelnen Stich hat, ist es schwer zu sagen, was das für ein Tier war. Wer sich unsicher ist, sollte ein Tropeninstitut oder einen Dermatologen aufsuchen. Mancher Hausarzt wird sich darin auch auskennen, aber die beiden erstgenannten sind die besseren Ansprechpartner.

Flöhe haben ein spezielles Fraßmuster. Sie haben Sprungbeine, die ihnen erlauben, den gesamten Menschen vom Fuß bis zum Kopf hinauf- bzw. hinunter zu springen. Befindet sich ein Floh im Hosenbein, wird sich der nächste Stich wahrscheinlich im Kniebereich zeigen. Je nachdem wie hungrig der Floh ist, kann er auch an der Wade zustechen. Hüpft er weiter aufwärts, wird er am Hosenbund oder in der Unterwäsche gebremst. Auch hier findet sich dann ein Stich oder mehrere. Der Floh ist sehr mobil, dementsprechend wild kann er - scheinbar wahllos - zustechen. Der aufmerksame Beobachter wird aber eine "Flohstraße" erkennen. Wer Stiche hat, sollte schauen, wo diese langlaufen. Zeichnet sich ein Weg ab?

Solche "Straßen" gibt es bei Mücken nicht. Sie stechen gerne auf nackter Haut. Flöhe stechen oft entlang der Kleiderbünde und, wenn sie es geschafft haben unter die Kleidung zu kommen, auch unter dieser und suchen oft Stellen wo die Flöhe beim Saugen entweder „ruhig" liegen können oder wo sich relativ dünne Haut findet, etwa um den Bereich der Intimzone.

Bettwanzen hingegen marschieren, sie springen nicht. Sie stechen in sehr viel kürzeren Abständen zu als Flöhe. Das macht das Erkennen von "Straßen" einfacher. Die Stiche wirken wie „Gänsefuß-Abdrücke".

Flöhe sind "Testesser". Sie probieren ihren Wirt im Dreieck. Es finden sich häufig drei Einstichstellen auf einer handflächengroßen

Stelle. Das ist nicht zwingend typisch, aber eben so oft zu beobachten, dass man es als weiteres Indiz für einen Flohbefall deuten kann.

Typisch für Flohbisse: Sie jucken nicht sofort. Frühestens nach fünf Minuten, sogar erst 24 Stunden später beginnen die Stichstellen zu jucken und zu kleinen Knötchen anzuschwellen, die zuerst wie Mückenstiche aussehen. Die Quaddel verschwindet aber nicht so schnell wie die der Mückenstiche und die Stichstelle bleibt durchs Aufkratzen oft bis zu zwei Wochen sichtbar.

Ein sehr gutes, wenn auch lästiges Indiz für Flohbisse ist das "Nachbarschaftsjucken". Hat ein Floh gestochen, juckt meist auch der vorherige Stich. Nachbarschaftsjucken gibt es weder bei Mücken- noch Wanzenbissen. Man hat das Gefühl man würde von einer Horde Flöhen befallen worden sein. Es ist zum verrückt werden. Hat ein Floh einen gestern an der Wade gebissen und man hat den Stich durch kühlen beruhigen können und schon fast wieder vergessen, da beißt der Floh am nächsten Tag am Arm zu. Was passiert? Es juckt nicht nur der Arm, der beruhigte Stich am Bein juckt ebenfalls wieder. Sticht der Floh einen weiteren Tag später am Hosenbund zu, dann juckt der Stich am Arm gleich mit, der am Bein bleibt ruhig.

Wie sich das wissenschaftlich erklären lässt, kann ich nicht beantworten. Sollte das jemand wissen, freue ich mich über eine E-Mail.

Dieses Nachbarschaftsjucken ist der reinste Albtraum. Es trägt erheblich zu Paranoia bei, die einen Flohgeplagten ohnehin irgendwann befällt. Es hilft nur kühlen, ein Antihistamin und eine große Portion Humor.

Flöhe, die (un-)heimliche Page

Der beste Beweis: Der Nachweis von Flöhen

Wenn man den Verdacht hegt, das Flöhe im Wohnraum ihr Unwesen treiben, will man die Nervzwerge auch schnell finden. Aber wie?

Flohlichtfallen aufstellen!

Flohlichtfallen sind *keine* Bekämpfungsmaßnahme, auch wenn diese immer Mal wieder im Internet als Bekämpfungsmaßnahme propagiert werden. Flohlichtfallen können aber helfen, einige Flöhe zu fangen und eine Einschätzung zu geben, wie stark der Befall ist. Dafür nimmt man eine helle, möglichst große, flache Schale, einen Untersetzer und ein Teelicht. Der Untersetzer kommt umgedreht in die Mitte der Schale, darauf ein Teelicht. Die Schale wird mit Wasser gefüllt und mit einigen Tropfen Spülmittel schaumfrei verrührt.

Aufgestellt wird diese Falle in dem Raum, in dem man am häufigsten gebissen wurde. Eine Falle reicht für etwa zehn Quadratmeter Wohnfläche. Natürlich lässt sich in jedem Raum eine oder sogar mehrerer Fallen aufstellen. Der Raum wird abgedunkelt. Dann verlässt man das Zimmer am besten für ein paar Stunden. Brennende Kerzen sollte man zwar nie unbeaufsichtigt brennen lassen, deswegen unbedingt darauf achten, dass man die Kerze nicht zu nah an einer Gardine oder gar im Kleiderschrank aufstellt oder sich Haustiere wie die Katze im Raum befinden. Auch Kinder haben hier die nächsten Stunden nichts zu suchen. Unbedingt den Rauchmelder checken! Ich übernehme keine Haftung für Schäden!

Flöhe werden angelockt vom Kohlendioxid und Wärme. Beides finden sie auch bei ihrem Wirt: Tiere und Menschen atmen Kohlendioxid aus und strahlen Körperwärme ab. Das Teelicht simuliert also ein kleines Tier… etwa eine Maus oder eine Ratte. Beides würde ein Floh anfallen.

In einer solchen Flohlichtfalle fängt man *ausschließlich erwachsene Tiere!* Vorher gelegte Eier wird man auf diese Weise nicht los. Ist der Befall frisch und hüpft nur ein Floh herum, den man womöglich auch noch an sich selbst herumträgt, dann wird man ebenfalls keinen Floh in der Falle finden, obwohl sich im Raum bereits Eier und Larven befinden können. In den nächsten Stunden oder Wochen können also weitere Flöhe dazukommen. Es lohnt sich, eine solche Falle für die nächsten vier Wochen immer mal wieder aufzustellen, um zu schauen, ob die Beseitigung erfolgreich war oder der Befall schlimmer geworden ist.

Flöhe fangen mit doppelseitigem Klebeband mit Post-it-Effekt

Etwas ungewöhnlicher ist die Methode, sich doppelseitiges Klebeband (das mit Post-it-Effekt) an die Fußknöchel zu wickeln. Die schwach haftende Seite kommt dabei ans Bein, die stark haftende nach außen. Die heranspringenden Flöhe bleiben am Klebeband hängen. Da Flöhe gerne an Beinen hochspringen, wird man mit dieser etwas unkonventionellen Methode mitunter eher einen Floh fangen, als mit einer Flohlichtfalle. Das Klebeband sollte möglichst breit sein, mindestens eine Handbreit, besser zwei.

Mit dem Bettlaken auf Flohfang

Die ältere Generation hat einfach ein weißes Laken auf den Boden gelegt und den Kandidaten mit den meisten Stichen in die Mitte des Lakens gestellt. Dann hieß es warten. Meist kam nach ein paar Minuten der erste Floh übers Laken Richtung Bein gehüpft. Auf dem weißen Untergrund sieht man den Floh wirklich rasch. Das Übel war gefunden.

Indizien für Flohbefall: Flohkot

Neben den Stichen ist vor allem Flohkot ein eindeutiges Indiz für die Anwesenheit von Flöhen. Er sieht aus wie sandkorngroße, braun-schwarze Kügelchen und findet sich zum Beispiel am Fußende des Bettes auf dem Bettlaken. Mit einem feuchten Taschentuche aufgesammelt, kann man die Krümel etwas zerreiben. Färbt sich das Taschentuch dabei orange-rot, ist es Flohkot. Bereits ein Floh produziert in einer Nacht eine recht große Menge, die man durchaus auf einem weißen Laken sehen kann.

Quellen für Flöhe

Sie sind überall. Sie sind mitten unter uns. Keiner ist vor ihnen sicher. Fast keiner. Dank moderner häuslicher Geräte und verändertem Hygieneverhalten sind Flöhe aber tatsächlich aus Häusern und Wohnungen weitestgehend verschwunden. Aber sie wurden niemals vollständig ausgerottet. Auch wenn der Menschenfloh in Deutschland nur noch sporadisch auftritt, so gibt es doch genug Katzen- und Hundeflöhe auf unseren vierbeinigen Freunden. Diese Flöhe leben nicht als reine Spezialisten nur auf Katzen oder Hunden, sondern tolerieren auch den Menschen, wenn zu viele Flöhe auf einer Katze wohnen oder die Katze verstorben oder gar nicht erst vorhanden ist. Gleiches gilt für den Hund und „seinen" Hundefloh.

Und so findet man Flöhe überall dort, wo Hunde und Katzen herumlaufen. Nicht nur auf dem Tier, sondern auch an Schlafplätzen und auf Laufflächen im Innen- wie Außenbereich. Neue Nahrungsgründe müssen ja erschlossen werden und der Nachwuchs fällt einfach zu Boden.

Der erwachsene Floh hüpft in der Natur überwiegend dort herum, wo seine Wirte regelmäßig vorbeikommen. Hier wird sich früher oder später ein Befallsherd bilden. Flöhe - mit Ausnahme der Menschenflöhe - bilden oder bauen keine Nester, auch wenn das vereinzelt zu lesen ist. Vielmehr sind damit "Hot spots", eben jene Befallsherde gemeint, also z. B. der Schlafplatz von Katzen, eine Mulde, in welcher Hunde sich gerne herumrollen, oder ein Komposthaufen, in dem Mäuse oder Ratten leben.

Theoretisch ist jede in der Natur anzutreffende Maus und Ratte eine Flohquelle. Auch **Wildschweine, Füchse, Rotwild** und sämtliche Waldsäugetiere können theoretisch mit Flöhen befallen sein, die Sie anspringen können. Das klingt, als sei alles mit Flöhen kontaminiert. Ist es aber nicht. Es sind ja auch nicht alle Menschen von Flöhen befallen, ebenso wenig wie jede Katze oder jeder Hund ein Flohkandidat ist. Sie kommen vor. Vereinzelt. Wissen, leben und bei Bissen, die man sich nicht erklären kann, eventuell auch an den Floh denken.

Eine mir zugetragene Schilderung stammt aus Malta, wo eine Dame von Flöhen heimgesucht wurde, deren Quelle vor ihrem Haus lagernde, **streunende Katzen** waren. Ich selbst habe Flöhe schon in **Komposthaufen** gefunden, in **Scheunen** und Heuschobern. Sie fanden sich von **Messiwohnungen** und machen auch vor noblen Penthousewohnungen nicht halt. In **Ferienwohnungen** und **(Tier-)Arztpraxen**, in **Bussen** - man weiß nie, wo ein Floh sitzt. Um die Paranoia nicht zu schüren: Sie sind nicht so häufig, wie man beim Lesen dieses Buches annehmen könnte, und doch häufiger, als man das gedacht hätte.

Flöhe sind recht **treu**. Sie wechseln nicht oft den Wirt. Ein Kinobesuch wird also nicht zu Massenkontamination der Zuschauer führen. Meist gehen Menschen, die von Flöhen heimgesucht werden, ohnehin nicht gern aus dem Haus und wenn sie es doch tun, dann bleibt der Floh meist auf entsprechendem Kandidaten sitzen, es sei denn, es herrscht Bevölkerungsdruck unter den Flöhen auf dem Menschen oder der Nachbar riecht vielleicht doch besser nach Hund oder Katze.

Mir ist am Waldrand mal ein Igel begegnet, der eindeutig Flohe hatte. Im Licht der Abenddämmerung konnte ich es springen sehen.

Ein großer Bogen um den Insektenfresser hat genügt, die Gefahr zu bannen, selbst kontaminiert zu werden. Damals bin ich flohfrei geblieben. Auch bei diversen Hausbegehungen in meiner Zeit als Baubiologe, die mich mitunter auch in Wohnungen mit Flöhen brachte, hatte ich nicht einen Floh mit nach Hause gebracht. Vielleicht auch doch, doch dann habe ich ihn in der täglichen häuslichen Putzroutine beseitigt, ohne von ihm zu wissen. Nichts ist passiert. Wie sang doch die Klaus-Lage-Band: "1000-mal berührt, 1000-mal ist nichts passiert." Irgendwann erwischt es einen doch und ich kann nicht mal sagen wann und wo das war. Ich habe aber mehrerer Verdachtsmomente, die ich daraufhin genauer inspiziert habe. Mit Sicherheit kann ich meine Flohquelle vom Januar 2015 aber nicht betiteln können. Vielleicht war das auch ein unfreiwilliges Mitbringsel von einer Silvesterparty. Ich werde es nie erfahren.

Eine Meldepflicht für Flöhe gibt es nicht, aber eine Meldepflicht für bestimmte Krankheitserreger. Von Flöhen übertragene, meldepflichtige Krankheitserreger gibt es nur einen: *Yersinia pestis* - den Pesterreger. Deshalb ist es auch schwer zu sagen, wo verstärkt Flöhe auftreten und wo nicht. Ähnlich ist das bei Zecken. Auch diese Tiere sind nicht meldepflichtig, wohl aber die von ihnen übertragenen FSME. Da FSME noch kursiert und die Pest bei uns im mittel- europäischen Raum nicht mehr existiert, gibt es auch keine Gefährdungsgebietskarten, auf denen man sehen könnte, wo gehäuft der Erreger und somit zwingend auch sein Wirt auftritt.

Die Quellen für einen Flohbefall bleiben schlussendlich Zufallsbegegnungen, die der Alltag mit sich bringt: Menschen in der Straßenbahn, bei der Arbeit, beim Einkaufen, Kinder im Kinder- garten, der Wartezimmersitznachbar, die verschmuste Nachbars- katze, der Hund, den man über die Ferien zur Pflege hat, die Wohnung der Freundin, in der man die Blumen während ihrer

Abwesenheit gießt, der Waldspaziergang, der Nachbar. Es ist also keine Schande, wenn man plötzlich feststellt, dass man einen Flohbefall hat. Wichtig ist: Möglichst zügig an die Arbeit gehen, damit sich das Problem nicht unnötig vermehren kann.

Krankheitsübertragungen durch Flohbisse

Krankheiten beim Menschen

Das Flöhe Krankheiten übertragen können, hat die Menschheit im Mittelalter mit der **Pest** gelernt (Kapitel „Rattenflöhe"). Gott Lob ist die Pest bei uns kein Problem mehr, wohl aber in einigen Gebieten der Welt, etwa Madagaskar oder dem indopazifischen Raum. Daher sollten Weltenbummler immer besonders vorsichtig sein, wenn sie einen Floh vermuten.

Neben der Pest können Flöhe weitere Krankheiten auf Menschen übertragen: Die größte Gefahr, die ein Flohbiss birgt, ist allerdings eine **Sekundärinfektion** mit Keimen durch aufgekratzte Stiche.

Der **Gurkenbandwurm**, der sich gelegentlich in Flöhen findet, spielt eine eher untergeordnete Rolle. Deshalb sollten Haustiere regelmäßig entwurmt werden. Keine Panik, es passiert äußerst selten ausgerechnet einen infizierten Floh zu verschlucken, sonst würde der Bandwurm in der Medizin eine viel größere Aufmerksamkeit bekommen. Nur sollte man wissen, dass es eben nicht nur nervige Stiche sind, sondern auch ernst zu nehmende Erreger in den Körper gelangen können. Wissen, handeln, beseitigen und bei Komplikationen auf das Wissen zurückgreifen. Ruhig, besonnen und ohne Panik. Schauen wir genauer hin.

Der Gurkenbandwurm

Den Bandwurm gibt es nicht! Es gibt zahlreiche Arten unter den Bandwürmern und einer, der vor allem in Hundeflöhen vorkommt, ist *Dipylidium caninum*, der Gurken- oder Kürbiskernbandwurm. Dieser kann durch den Floh von Hund zu Menschen übertragen werden. Auch in Katzen kommt der Bandwurm gelegentlich vor.

Wie wird der Bandwurm **übertragen**? Die gute Nachricht zuerst: Nicht durch Stiche! Sie müssen ihn **oral** aufnehmen, also entweder Bandwurmeier von der Hand in den Mund befördern oder zufällig einen infizierten Floh verschlucken. Daher kann ich Hunde- und Katzenbesitzern nur raten, sich regelmäßig die Hände zu waschen und das Tier regelmäßig zu entwurmen.

Hat der Vierbeiner sich einen infizierten Floh eingefangen, verschluckt der diesen z. B. bei der Fellpflege. Der Bandwurm entwickelt sich im Tier und die Eier werden durch den Kot wieder ausgeschieden. Deswegen sollen alle Häufchen eingetütet, mitgenommen und an einer Hundetoilette fachgerecht entsorgt werden. Die Bandwurmeier verteilen sich sonst unnötig in der Natur und kontaminieren auch Ihren Hund immer wieder neu. Freigängerkatzen stellen nur ein geringes Gurkenbandwurm-Problem da, denn sie sind weniger häufig befallen als Hunde.

Bei einem lange unentdeckten Befall, werden sich früher oder später auch Bandwurmeier im Fell des Tieres finden. Da Flohlarven Bandwurmeier fressen, wird so die nächste Generation der Flöhe infiziert.

Auf den **Menschen** wechselt der Bandwurm nur, wenn Bandwurmeier verschluckt werden, etwa weil sich diese am Fell befinden während man das Tier streichelt. Bei haustierlosen Haushalten müsste ein infizierter Floh verschluckt werden. Das ist extrem unwahrscheinlich.

Vor allem Kinder in Hunde- und Katzenhaushalten trifft daher die **Dipylidiasis** genannte Krankheit, die vom Gurkenbandwurm verursacht wird. Sie haben meist engeren Kontakt zu den Haustieren und waschen sich weniger häufig die Hände. Wer einen Vierbeiner im Haus hat und Kinder, die unter Bauchschmerz mit oder ohne Durchfall oder Appetitlosigkeit leiden, ständig von einem allergischen Juckreiz geplagt werden oder auch unter Verstopfung leiden, sollten eine Stuhlprobe beim Kinderarzt abgeben mit dem Hinweis, diese einmal auf Bandwürmer zu untersuchen.

Entzündungen und allergische Reaktionen

Das ist wohl ein erheblich größeres Problem als der Bandwurm: entzündete Stiche und allergische Reaktionen auf den Flohspeichel. Jeder, der einmal von Flöhen heimgesucht wurde, weiß, wie unerträglich der Juckreiz werden kann. Schnell hat man sich da die Einstichstelle aufgekratzt. Es gibt Menschen, die reagieren kaum auf Einstiche durch Flöhe und es gibt solche, deren Immunsystem auf Hochtouren kommt und mit massiven Rötungen und Quaddelbildung bis hin zu heftigen allergischen Reaktionen antwortet.

Als Asthmatikerin habe ich jedes Mal einen Schub bekommen, wenn ich morgens aufgewacht bin und wieder neue Stiche gesehen hatte. Das war auch der Psychosomatik und dem Stress zu Schulden, aber das nun mit "übertriebener Psychose" und "Einbildung" abzutun, finde ich im Rahmen aller psychosomatischen Erkrankungen nicht gerechtfertigt. Auch die Psyche kann erkranken und Psychoterror hat schon so manchen in den Tod geschickt. Nach einem Flohstich im wahrsten Sinn des Wortes nach Luft zu schnappen und den Erstickungstod vor Augen zu haben, mag nicht Betroffenen als übertriebene Reaktion erscheinen, aber ich als Betroffene weiß, wie das ist, daher nehme ich Leute mit ihren psychischen Erkrankungen ernst. Auch Angst macht krank, auch Psychoterror macht krank und jeder, der Flöhe hatte oder hat weiß, dass ein Befall durchaus einer Form von Psychoterror gleichkommt.

Die Katzenkratzkrankheit

Es gibt Krankheiten, die relativ unbekannt sind. Die Katzenkratzkrankheit gehört dazu. Übertragen wird sie von Katze zu Katze (über den Floh oder direkt über einen Biss) oder von der Katze auf den Menschen. Da es auch Fälle gibt, in denen die Katzenkratzkrankheit bei Menschen aufgetreten ist, die in einem Haushalt ohne Katze wohnen, kann die Krankheit wohl auch vom Floh direkt auf den Menschen übertragen werden.

Sicher nachgewiesen werden kann die Krankheit über eine Blutuntersuchung. Soweit man dies getan hat, kann man sagen, dass der Erreger in 10 bis 70 % der in Deutschland herumlaufenden Katzen anzutreffen ist. Meist entwickeln sich Symptome, wenn sich eine Familie eine Katze in den Haushalt holt und die Familienmitglieder eine geschwächte Immunabwehr haben. Ist das Immunsystem stabil, wird es mit der Krankheit fertig. Kommt der Körper mit dem Erreger in Kontakt, vergrößern sich meist die Lymphknoten etwas, schwellen aber nach einigen Tagen oder

Wochen wieder ab. Geschieht dies schmerzlos, bleibt die Krankheit unbemerkt und komplikationslos.

In seltenen schweren Fällen jedoch kommt es zu schmerzenden Lymphknoten und deren krankhafter Vergrößerung und einem Einwandern von Bakterien ins Blut, einer sogenannten Bakteriämien. Letztere kann sich für Herzklappenträger und Patienten mit vorgeschädigter Herzklappe zu einer lebensbedrohenden Gefahr auswachsen. Auch wenn sich Fieber, Kopf- und Gliederschmerzen einstellen, also typische Grippesymptome, ohne das eine Grippewelle rollt, mitunter weitere Störungen des zentralen Nervensystems hinzukommen, dann hat die Katzenkratzkrankheit einen schweren Verlauf eingenommen.

Doch möchte ich kein Panik schüren. Solche Fälle sind wirklich extrem selten. Die meisten Menschen haben ein gesundes Immun-system, ein gesundes Herz und bilden keine oder nur geringe Symptome aus. Sollten die Lymphknoten anfangen zu schmerzen, ist der Gang zum Arzt ohnehin das Erste, dass man tun sollte. Hegt man den Verdacht, dass ein Floh oder eine in der Nachbarschaft befindliche Katze eventuell der Träger dieser Krankheit sein könnte, dann kann man den Arzt darauf ruhig ansprechen. Er wird eine Blutuntersuchung anordnen und ein Antibiotikum verschreiben. Danach sollte das Schlimmste überstanden sein.

Interessant ist, dass Katzen kaum Symptome der Krankheit ausbilden. Gefunden wurden in seltenen Fällen ebenfalls Lymphknotenschwellungen. Auch von Fruchtbarkeitsproblemen wurde berichtet.

Da die Katzenkratzkrankheit nicht meldepflichtig ist, dürfte die Dunkelziffer der erregertragenden Katzen und Menschen, die diese

Krankheit unbemerkt mittels Immunabwehr durchlaufen haben, sehr
hoch sein, nicht zuletzt auch, weil viele Hausärzte ohne Blutuntersuchung allein aufgrund eines Verdachts einer bakteriellen
Infektion gerne Antibiotika verschreiben.

Es gibt jedoch noch eine Reihe von Krankheiten, die von Flöhen
übertragen werden und unter denen vor allem Tiere leiden.

Krankheiten bei Katzen

Die Bartonellose

Die Bartonellose ist eine Krankheit, bei der die Lymphknoten der
Katze anschwellen. Der Tastsinn in den Pfoten ist beeinträchtigt.
Beschrieben werden auch ein gestörter Gleichgewichtssinn und eine
entzündete vordere Augenkammer. Ein Tierarzt kann hier genauer
Auskunft geben.

Die Floh(speichel-)allergiedermatitis

Ein Tierarzt hilft auch, wenn Ihre Katze unter einem regelrechten
"Putzwahn" leidet und sich ständig der Fellpflege widmet. Fallen beim
Kämmen Pusteln, Schuppen oder Rötungen auf, sollte der Veterinär
auch an eine Floh(speichel-)allergiedermatits denken.

Flöhe als Überträger von Viruserkrankungen bei Katzen

Darüber hinaus übertragen Flöhe auf Katzen eine ganze Reihe von Virusinfektionen, bzw. dienen Flöhe als Überträger derselben von Katze zu Katze. Darunter zählen z. B. der Katzenschnupfen, das Katzen-Leukose-Virus (FeLV) oder das als "Katzen-AIDS" bekannte Katzen-Immundefizienz-Virus (FIV).

Krankheiten bei Hunden

Hunde scheinen weniger flohgepeinigt zu sein, zumindest was die übertragbaren Krankheiten betrifft. Bei ihnen wird vor allem die bei den Katzen eben beschriebene Floh(speichel-)allergiedermatitis beobachtet. Im Fall einer Erkrankung kratzt auch der Hund sich auffallend oft und beißt sich selbst. Es bilden sich Krusten und haarlose Stellen aus. An den befallenen Bereichen kommt es durchs Kratzen zu Entzündungen und Verdickungen der Haut.

Flohbekämpfung

Flöhe kann man auf mehrere Arten bekämpfen. Aber keine garantiert, dass die Flöhe nicht wiederkommen, denn sie leben unter uns und lauern im Prinzip auf jedem Hund, auf jeder Katze, in jedem Komposthaufen, in der Mülltonne oder auf dem Nachbarn. Man schleppt sie von einem Spaziergang im Wald ein oder von einem Besuch im Kindergarten, dem Theater oder Kino. Man weiß nicht, ob der Mensch, der gerade an einen vorbeigelaufen ist, einen Floh bei sich trug. Würde es für Flöhe eine Abstandsregel geben, sie müsste bei mindestens sechs Metern liegen.

Gegen Flöhe helfen Insektizide und oder die mechanische Beseitigung. Flohfallen in Form kleiner Flohhäuschen, die man mit blutgetränkten Lappen füllte und in denen die Flöhe leicht hineinschlüpfen konnten, aber vollgesaugt nur schwer wieder herauskamen, waren im Mittelalter Mode. Heute sind solche Accessoires eher selten anzutreffen. Heutigen Flohlichtfallen sind nur als Indiziensammler und wie die „Flohhäuschen" aus dem Mittelalter nur für vorhandene adulte Flöhe geeignet. Eine leere Falle ist kein Garant, dass nicht ein paar Meter weiter doch ein Floh sitzt.

Als Insektizide kommen die Klassiker wie Permethrin und Pyrethrum häufig zum Einsatz. Für den Wohnbereich sollte man aber zugunsten seiner Gesundheit auf derartige chemische Mittel verzichten, es sei denn, man weiß dem Befall nicht anders beizukommen. Dann trägt man die nachfolgenden möglichen Gesundheitsrisiken mit. Es gibt jedoch auch baubiologisch empfehlenswerte Mittel wie Kieselgur und Niem. Beide werden in den nachfolgenden Kapiteln näher beleuchtet. Mechanisch stehen eine ganz Reihe von Möglichkeiten zur Verfügung, leider sind nahezu alle

mit mehr oder minder großen körperlichen Anstrengungen
verbunden: putzen, saugen, abdampfen, waschen und gelegentliches
Zwischenfrieren in der Tiefkühltruhe. Der Staubsauger, die
Waschmaschine und eine Badewanne sind die wichtigsten Hilfsmittel.
Sehr erfolgversprechend und baubiologisch vertretbar ist eine
Kombination aus Niem, Kieselgur und Putzaktion, die im Kapitel „Ein
Maßnahmenkatalog" ab Seite 192 vorgestellt wird. Mit allen dort
beschriebenen Aktionen kann man binnen zwei Wochen den
Flohbefall auf (nahezu) null bringen - vorausgesetzt, man ist sicher,
dass es Flöhe sind. Es kann durchaus sein, dass dennoch die nächsten
Wochen aus einer Puppe, die in einem vergessenen Winkel lag,
wieder ein Floh schlüpft, doch bleiben Sie dann ruhig und saugen Sie
den Floh weg. Niem wird dafür sorgen, dass die Plage sich nicht
wieder vergrößert. Doch dazu unter im Unterkapitel zum Niem mehr.

P wie Pestizid

Das ist kein Zufall: Im Wort Pestizide steckt die Pest, jene
Krankheit, die Millionen Menschen das Leben gekostet hat. "Pestis"
kommt aus dem Lateinischen und heißt Seuche. Da die schlimmste
aller Seuchen die Pest war, wurde sie als DIE Seuche bezeichnet,
eben DIE Pest. Und obwohl es nicht die Flöhe an sich waren, welche
die Menschheit massiv dezimiert hatte, sondern ein winziges
Bakterium Namens *Yersinia pestis*, wird die Pest nach wie vor eher
mit Flöhen und Ratten assoziiert als mit Bakterien. So bekamen
Mittel, die auf Insekten wie Flöhe wirken, ihren Namen von der Pest.

Pestizide wirken nicht auf Flöhe allein. Sie töten unspezifisch alles,
was sechs Beine hat, mitunter auch acht, inklusive Nützlinge. So

sterben durch unseren Gebrauch dieser Mittel Milliarden Bienen, Käfer, Libellen, Spinnen und Schmetterlinge und viele mehr. Deshalb gilt es bei jedem Einsatz von Pestiziden - und dazu zählen auch Niem-Produkte und Kieselgur - unbedingt darauf zu achten, diese Mittel so sparsam und gezielt wie möglich einzusetzen, wenn überhaupt. Auch die Kleinanwendungen zählen.

Es gibt eine Vielzahl von Wirkstoffen, die Insekten schaden können: Dichlorvos, Propoxur und Permethrin, um nur die Bekanntesten zu nennen. Sie sind meist die Hauptwirkstoffe in handelsüblichen Anti-Flohmittel und sollen deshalb kurz näher beleuchtet werden, vor allem das Pyrethrum, das Permethrin und das Niem. Letzteres wird in der englischen Schreibweise Neem geschrieben oder findet sich auch als "Margosa-Extrakt" auf den Inhaltsstoffen der Verpackungen. Der Niembaum heißt in manchen Gegenden der Welt Margosa, abgeleitet vom französischen margousier.

Ferner werfen wir einen kurzen Blick auf die Trägermittel, in welcher die Wirkstoffe gelöst sind. Auch diese Trägermittel können Probleme im Wohnbereich verursachen.

Als Letztes stelle ich die Kieselgur vor, welche ebenfalls unter die Pestizide fällt. Ihre Wirkungsweise ist jedoch ganz anders: Sie greift Insekten mechanisch an, vergiftet sie also nicht im klassischen Sinn.

Pestizide wie Permethrin und Pyrethrum sollten nur spezifisch auf Insekten wirken. Leider aber reagierten auf solche Wirkstoffe auch Menschen - je nach Konzentrationen, Expositionsdauer und persönlicher Konstitution. Was bei Insekten zur Beschädigung der Natrium-Kanäle führt, führt im komplexen Organismus Mensch zu Juckreiz, Haarausfall oder schweren Allergien. Insektizide können beim Menschen ebenso Nervenentzündungen bis hin zu Lähmungen verursachen. Können! Der Konjunktiv soll kein Freibrief sein, Insektizide hemmungslos anzuwenden, schon gar nicht im Innenraum und ganz besonders nicht in sensiblen Räumen wie Schlafzimmer, Kinderzimmer und Küche. Leider ist es so, dass man immer erst hinterher schlauer ist. Deshalb sollte prinzipiell die Regel gelten: Finger weg davon! Solche Mittel sollten nur im extremen Notfall und auch nur sehr gezielt eingesetzte werden, und das von Fachpersonal! Fogger - sogenannte Vernebler - sind für Wohnräume absolut ungeeignet! Man schießt mit ihnen sprichwörtlich mit den berühmten Kanonen auf Spatzen. Natürlich töten Kanonen Spatzen. Aber zu welchem Preis. Hier geht es um Ihre Gesundheit. Was ist Ihnen diese wert? Eine wohnungsweite Kontamination mit Pestiziden über Monate? Sie werden hier schlafen, essen, sich entspannen, vielleicht auch arbeiten und dem Gift dauerhaft exponiert sein. Das möchten Sie sicher nicht.

Ein Aspekt, der mir als Baubiologe viel zu wenig Beachtung findet sind die Träger- bzw. Lösemittel, in denen manche Insektizide gelöst sind. Hier steckt der Teufel im Detail.

Pyrethroide

Eine Gruppe bekannter Insektizide sind die Pyrethroide. Zu ihnen gehören chemisch synthetisierte Insektizide, die z. B. dem Pyrethrum, einem natürlichen, in Chrysanthemen vorkommenden Insektizid, nachempfunden sind. Doch die synthetischen Pyrethroide sind so verändert worden, dass sie eine längere Wirkdauer haben als ihre natürlichen Originale. Das ist kein Freibrief für die natürlichen Insektizide. Gift ist Gift. Wenn Sie sich tödlich vergiften, dann sterben

 Flöhe, die (un-)heimliche Page

Sie - ganz gleich, ob das Gift aus dem Labor kommt oder aus der Natur. Wichtig ist auch, ob das Gift kurzzeitig wirkt oder langfristig. Wenn Sie eine giftige Substanz zu Hause haben, die nur für einen Tag wirkt, können Sie in dieser Zeit Ihre Kinder bei Freunden unterbringen. Wirkt das Gift aber über Monate, kommen Sie und Ihre Kinder dauerhaft damit in Kontakt, vor allem wenn es aufgesprüht, vernebelt oder gefoggt wurde. Es befindet sich dann im Bett, an der Kleidung, auf dem Fußboden… Irgendwann beginnt dann eine lange Leidensgeschichte mit chronischen Vergiftungssymptomen, die Ihnen einen Großteil Ihrer Lebensqualität kosten wird. Daher: Je instabiler eine solche Verbindung ist, desto besser ist das in den Wohnräumen!

Da die Liste der Insektizide lang ist und von Allethrin über Chlorpyriphos bis Pyrethrin reicht, möchte ich Sie nicht mit allzu viel theoretischer Chemie beladen und werde lediglich das synthetische Permethrin und das natürliche Pyrethrum genauer vorstellen, stellvertretend für eine ganze Reihe Insektizide. Neben diesen beiden baubiologisch bedenklichen Stoffen gibt es das baubiologisch unbedenklichere Niem und die Kieselgur. Auch diese beiden werde ich genauer beleuchten, da sie sich sehr gut zur alternativen Anti-Flohbehandlung eignen - richtig angewendet.

Zu den Pyrethroiden zählen unter anderem das Tetramethrin, Deltamethrin, Resmethrin, Cypermethrin, Bioresmethrin, Bioallethrin, Fenvalerat und Phenothrin. Sie alle aufzuzählen würde Seiten füllen: Es sind mittlerweile über 1000 verschiedene Pyrethroide in den Laboren hergestellt worden. Wird eines verboten, wird ein neues entworfen.

Dabei sind nicht alle Insektizide gleich. Ja, sie alle haben gemeinsam, dass sie Insekten töten, doch in ihren sonstigen **Eigenschaften** unterscheiden sie sich sehr. So sind die chemisch synthetisierten Pyrethroide im Vergleich zum natürlichen Pyrethrum relativ lichtstabil, etwa das Permethrin oder das Fenvalerat. Dann gibt es solche, die eine stärkere Wirkung haben als andere. So wirkt etwa Resmethrin 20-mal stärker oder Bioresmethrin sogar 50-mal effektiver als Pyrethrum. Lassen Sie sich nicht durch ein "Bio" in der Vorsilbe täuschen. Gift bleibt Gift, egal wie gut die Wirkung ist.

Allen gemeinsam ist neben ihrer Herkunft aus den Chemieküchen ihre Eigenschaft **fettlöslich** zu sein, also sowohl in einem ölhaltigen Putzwasser als auch im Fettgewebe der Menschen. Pyrethroiden werden gern als "für Warmblüter gering giftig" verkauft, wie wir aber sehen werden, kann auch das Probleme verursachen, gegen die Flöhe harmlos sind. Im Wasser haben sie eine sehr unterschiedliche Löslichkeit, die tendenziell aber schlechter ist als in Fett.

Zum **chemischen Aufbau** möchte ich gar nicht viel schreiben. Hier verweise ich interessierte Leser auf Chemie-Lehrbücher. Die meisten Verbindungen sind Ester, also eine Säure mit einem Alkoholrest. Im Permethrin ist das z. B. die Chrysanthemumsäure mit Allethrolon als Alkohol. Chrysanthemum? Das klingt recht sympathisch und der Laie wird sofort die nächste Gärtnerei im Herbst vor Augen haben. Der Chemiker denkt in erster Linie an ein monozyklisches Monoterpen mit Cyclopropan-Gerüst. Der Biologe denkt an einen der vielen fraßhemmenden Stoffe aus der Familie der Asteraceae und der Vorstand des Unternehmens Bayer denkt an guten Profit und "natürliches" Marketing. Die Welt ist sehr subjektiv.

Alle Pyrethroide sind **Kontaktgifte**. Der Floh muss also mit ihnen in Kontakt kommen. Dann erfolgt ein Knock-down. Innerhalb des Tieres werden die für die Nervenleitung wichtigen Natriumkanäle blockiert. Die Folge: Die Tiere können sich nicht mehr bewegen. Sie sterben, weil sie verhungern, während sie bewegungslos in der Zimmerecke liegen. Sie sind scheintot.

Die Chemie-Lobbyisten geben gern an, dass Pyrethroide für Bienen keine Bedeutung haben, weil Bienen das Gift meiden. Doch gilt das auch für andere Insekten? Wildbienen? Schmetterlinge? Rosenkäfer? Lederlaufkäfer? Marienkäfer? Florfliegen? Libellen? Das Haupteinsatzgebiet der Pyrethroide war und ist nach wie vor der Einsatz gegen gefräßige Schmetterlingsraupen im Baumwollanbau. Auch bei uns kommen sie in der Landwirtschaft nach wie vor in großen Mengen zum Einsatz. Sie wirken auf alle anderen Schmetterlinge und alle anderen Insekten! "In den vergangenen 27 Jahren ist die Biomasse von fliegenden Insekten insgesamt um über 75 % zurückgegangen. Gesammelt wurden die Daten an 63 Standorten in Naturschutzgebieten in NRW, Rheinland-Pfalz und Brandenburg." Dies ist auf den Internet-Seiten des WDR zu lesen, der zum Thema „Das große Insektensterben in Deutschland" eine Sendung am 18.10.2017 ausgestrahlt hatte. Die sich vorm Gift davontrollende Honigbiene ist eben nur ein Insekt. Schaut man in der Nahrungskette ein Glied weiter, erfährt man vom NABU-Deutschland, dass die Anzahl brütender Vögel massiv zurückgegangen ist und die Vogelbestände zunehmend einbrechen. Allein die Bestände des Braunkehlchens sind um 80 % zurückgegangen. Die nächsten in der Nahrungskette sind wir.

Dem nicht genug: Gelangen Pyrethroide ins Grundwasser oder in Seen, sind sie hochtoxisch für Fische, Amphibien und Reptilien. Es ist keine umweltfreundliche Stoffgruppe, die ihren Weg aus den Laboratorien in unsere Landwirtschaft gefunden hat und dort ausgiebig zum Einsatz kommt. Wie erschreckend wenig der Bürger über den Einsatz von Pestiziden weiß, zeigt das Beispiel Raps. Dort werden Pyrethroide auf dem Acker gegen den Rapsglanzkäfer eingesetzt. Vielleicht haben Sie einen solchen Rapsacker vor der Haustür oder freuen sich beim Spazierengehen an dem schönen Sonnengelb der Blüten. Gehen Sie das nächste Mal näher hin und suchen Sie nach Insekten. Die Biene, die angeblich abgeschreckt ist, ist das einzige Insekt, das man überhaupt noch auf Raps fliegen sieht. Es birgt einer gewissen Ironie, dass extra lichtstabile Insektizide synthetisiert werden, denn der Rapshonig auf dem Brötchen oder das Rapsöl im Salat bekommt plötzlich einen merkwürdigen Beigeschmack. Dem nicht genug erinnere ich mich während meines Frühstücks und meines geliebten Honigbrotes an die Fettlöslichkeit der Pyrethroide. Ich hoffe, Sie sehen die Zusammenhänge und ziehen für sich selbst die Konsequenzen. Im Haus wollen Sie solche Stoffe nicht auch noch! Eigentlich wollen Sie diese nirgends auf der Welt.

Tatsächlich verwendet man Pyrethroide auch am Menschen. Eltern von Kindergarten- und Schulkindern haben den Läusezettel im Kopf auf denen GoldgeistForte® und Co. empfohlen wird. Man will die Biester schnell loswerden und verdrängt den Gedanken daran, dass man sein Kind mit einer giftigen Substanz behandelt. Es muss jeder eigenverantwortlich entscheiden, ob er zu einem Gift greifen möchte oder einen alternativen Weg geht. Allethrin und Permethrin sind die hauptsächlich gegen Läuse eingesetzten Substanzen. Auch in Salben gegen Krätze sind sie enthalten.

Analogien zu Antibiotikaresistenzen werden laut, denn gegen die Pyrethroide entwickeln die Kopfläuse zunehmend Resistenzen. "Die Natur findet einen Weg", hieß es schon in Jurassic Park und dieses Credo gilt nicht nur für Dinosaurier, sondern auch für so winzige Lebewesen wie Flöhe oder Läuse. Über Mutationen und Anpassungen konnten über die Jahre und den häufigen Einsatz Individuen entstehen, die einen Weg gefunden haben metabolisch die Wirkung der chemischen Insektizide zu umgehen. Die Entwicklung der

Insektizide und die Evolution der Läuse und Flöhe geht weiter. Die Insekten vererben ihre "guten" Eigenschaften. Nicht mehr lange und wir haben nicht nur den ultimativen bakteriellen Erreger, gegen den kein Antibiotikum mehr hilft, sondern auch den ultimativen Super-Floh, der jedes Gift überlebt. Zum Glück kann man Flöhe einsaugen.

Wenn Sie viel in Flugzeugen unterwegs sind, dürften Sie bei Reisen in bestimmte Länder in der Kabine ebenfalls Insektiziden dieser Kategorie ausgesetzt sein. In Flugzeugen kommen Insektizide standardmäßig zu Einsatz, um Insekten und ihre Krankheitserreger abzutöten. Auch die bei den Outdoorfans beliebten Moskitonetze sind oft mit den langlebigen Pyrethroiden behandelt.

Im Haus werden Pyrethroide oft von Haustierbesitzern eingesetzt z. B. gegen Tierläuse, Milben, Haarlinge, Federlinge, Zecken und andere Ektoparasiten aus dem Reich der Insekten (und Spinnentiere). Auch in insektenabwehrenden Ohrmarken oder den Flohhalsbändern finden sich Pyrethroide. Paradoxerweise gibt es auch Substanzen aus dieser Gruppe, die man gegen die Varroamilbe in Bienenbeuten anwendet oder Substanzen, die gegen Fischläuse in der Lachszucht eingesetzt werden, obwohl Pyrethroide zu den fischtoxischen Substanzen zählen! Darüber hinaus zeigt der Einsatz noch weitreichendere Auswirkungen der Pyrethroide auf die Tierwelt, denn Fischläuse sind weder Insekten wie die Flöhe, noch Spinnentiere wie die Varroamilbe, sondern Krebstiere!

Wie sich die Pyrethroide auf Säugetiere inklusive der Menschen auswirken, wird sehr unterschiedlich bewertet und ist sowohl von den Einzelsubstanzen, der Dosis, der Aufnahmeart, der Dauer der Exposition und natürlich auch der persönlichen Konstitution geschuldet.

Von einige Pyrethroiden wird berichtet, dass sie Tremor und
Krämpfe oder auch ein salopp genanntes CS-Syndrom (unwillkürliche
langsame Bewegungen und Speichelfluss) verursachen können.
Cypermethrin stört bei Kaninchen die männliche Sexualentwicklung
und das Immunsystem, in hohen Dosen wirkte es hingegen als
Östrogen. Fenvateral wird bei Mäusen als schilddrüsenhormon-
hemmend beschrieben. Bei Katzen verlaufen Pyrethroid-Vergiftungen
fast immer tödlich. Von fast keinem der über 1000 existierenden
Pyrethroide kann abschließend gesagt werden, ob diese
mutationsauslösend (mutagen), krebserzeugend (kanzerogen) oder
schädlich für das Immunsystem sind (immuntoxisch). Vorsicht ist hier
also besser, als das Nachsehen zu haben.

Permethrin

Stellvertretend für alle anderen synthetischen Pyrethroide sei hier
das Permethrin vorgestellt, da es sich in vielen Mitteln findet und ein
breites Anwendungsgebiet abdeckt.

Permethrin ist ein grausames Gift und eigentlich eines, das
ausschließlich auf Insekten wirken sollte. Tier und Mensch nehmen es
über die Körperoberfläche auf, wenn es in einer Wohnung gefoggt
wird. Bei Insekten gelangt Permethrin über die Gelenke und
Weichteile   in den Körper und verteilt sich dort recht schnell. Es ist
ein Nervengift. Nervengifte können verschieden wirken. Im Falle des
Permethrins legt es die Natrium-Ionen (Na^+)-Kanäle lahm. Na^+-Ionen
sind ein elementarer Bestandteil der chemischen Weiterleitung von
Nervenimpulsen von einer Zelle zur nächsten. Funktioniert diese
Übertragung nicht korrekt, wird das Nervensystem massiv gestört.
Werden die Na^+-Ionen-Kanäle an ihrer Regulierung gehindert, kann

Flöhe, die (un-)heimliche Page

Na$^+$ ungehindert und unreguliert hindurchströmen. Das ist wie bei einem Staudamm, bei dem man plötzlich alle Schleusen öffnet. Die Nervenzelle feuert nun im Dauerfeuer unkontrolliert Nervenimpulse. Der Körper wird in vollständige Erregung versetzt, die sich in Krämpfen äußert, gefolgt von Koordinationsstörungen und schließlich zur Lähmung führt. Der Fachmann spricht von einen "Knock-down". Das Insekt lebt noch, ist aber bewegungsunfähig. Scheintod. Direkt am Gift sterben die Insekten nur, wenn die Dosis ausreichend hoch und tödlich ist. Wer also z. B. eine zu kleine Foggerdose für eine zu große Wohnung eingesetzt hat, weil er hofft, dass das ausreichen wird, der tötet nichts, versprüht aber dennoch Gift. Was passiert? Insekten sind zäh. Diese Zähigkeit sichert ihnen seit Jahrmillionen das Überleben. Die mit Permethrin behandelten Insekten können sich nach ein paar Minuten oder Stunden wieder erholen, vor allem wenn man lüftet. Bestimmte Enzyme in ihrem Körper sorgen dafür, dass Permethrin abgebaut wird. Bleibt der Effekt jedoch länger erhalten, verhungern die Tieren in ihrem bewegungslosen, scheintoten Zustand. Weniger ist mehr, gilt nicht für Fogger, aber wollen Sie wirklich in einer hochgradig vergifteten Wohnung leben?

Doch auch gegen die Permethrin abbauenden Enzyme hat die chemische Industrie ein Gegenmittel. In viele Insektiziden findet sich zusätzlich **Pipernoylbutoxid, abgekürzt POB**. Eltern kennen es vielleicht ebenfalls aus der Liste der Inhaltsstoffe von Läuseshampoos wie Goldgeist forte®. POB verhindert, dass Insekten Permethrin abbauen können. Es blockiert das dazu notwendige Enzym. Was auf den ersten Moment wie der uns rettende Anker im Kampf gegen die scheintote Armee der Pest-Insekten klingt, entpuppt sich auf den zweiten Blick auch für uns als äußerst fatal, denn POB verdreißigfacht ebenso die Wirkung der Pyrethroide. Und es blockiert den Abbau von Permethrin - auch beim Menschen, wie Stiftung Warentest berichtete. Der Knüller: In Wohnräumen behält es seine

Wirksamkeit bis zu vier Jahre! Über die Dauer einer gesamten Grundschulzeit ist somit die Entgiftung bezüglich Permethrin und anderer Insektizide bei allen Bewohnern der behandelten Wohnung eingeschränkt! Dazu kommt: Wie viel Pestizide werden in Ihrer Region auf Obst und Feldern versprüht und wie viel Abdrift atmen Sie ein? Wie viele Pestizid-Spritzmittel essen Sie mit den täglichen fünf Portionen Obst und Gemüse? Bei solchen Fragen braucht man keine L$_{50}$-Dosis für POB mehr, die Piperonylbutoxid bei Säugern mit einer akuten Giftigkeit von 2,5-11,5 g/kg Körpergewicht als "gering" einstuft. Parallel dazu hat man aber ein um 30-fach stärker wirkendes Permethrin im Haus… Forschungen über synergistische Kreuzreaktionen? Fehlanzeige. Lieber führt man den Laborunsinn mit Ratten weiter. So fütterte man diesen POB in einem Langzeitversuch und stelle anschließend schwere Leberschädigungen fest, Nierenschäden und Veränderungen im Blutbild. Diese Tatsache veranlasste die WHO dann zu einem täglichen Grenzwert von 0,2 mg/kg Körpergewicht POB. Das ist völlig theoretisch, weil keiner von uns heute weiß, wie viel POB er effektiv bereist aufnimmt, mit dem täglichen Brot, dem täglichen Apfel, dem täglichen Leben und Wohnen mit Pestiziden. Außerdem sind Grenzwerte für Baubiologen nichts anderes als „der wirtschaftlich vertretbare Verlust an Lebenszeit", wie es der verstorbene Baubiologe Wolfgang Maes einmal auf einem Vortrag auf den Punkt brachte. Immerhin: Theoretisch könnten Sie eine Prise reinen POBs aus der Foggerdose extrahieren und essen. Wenn das mal kein Grund zur Euphorie ist…

Nachdem wir nun wissen, dass dank POB Permethrin gleich in einer 30-fach höheren Dosis über Monate auf Insekten wirkt und es auch für den Menschen schwer abzubauen ist und somit ein dauerhaft belastender Faktor für die Gesundheit wird, wenden wir uns dem Permethrin selbst zu. Für Permethrin findet man in der Toxikologie die Aussage "für Warmblüter nur eine geringe akute

Flöhe, die (un-)heimliche Page

Toxizität". Was heißt das? Akut bezeichnet die Dosis einer direkter
Verabreichung, also entweder in die Blutbahn gespritzt oder oral
verabreicht. Man stopft es der Laborratte ins Mäulchen. Freiwillig
würden Ratten so was kaum in solcher Menge fressen. Ratten sind
intelligent. Alle dazwischenliegenden Vergiftungserscheinungen
werden bei solchen "akuten Toxizitätsbewertungen" außer Acht
gelassen. Gezählt wird nur das tote Tier. Der Leidensweg - von dem
sich das Tier mitunter auch erholen kann, bleibt unberücksichtigt.
Betrachtet wird also nur die Anzahl der vom Permethrin
hervorgerufenen Todesfälle bei den Versuchsratten im Labor. Es
starben 50 % der Versuchsratten bei einer Menge ab 4 g/kg
Körpergewicht. Im Labor wird diese 50 % Sterblichkeit als L_{50}-Wert
angegeben. Wer von Ihnen schraubt die Dose auf und streut sich den
Inhalt über das Butterbrot? Die Frage stelle ich bewusst, denn sie soll
verdeutlichen wie nichtssagend solche L_{50}-Werte sind. Fragen Sie
hingegen mal eine Asthmatikerin, die in einer mehrfach mit
Permethrin gefoggten Wohnung mit Dauerkopfschmerzen und
massivem Haarausfall sitzt, während das brechende Kind auf ihrem
Schoß sitzt, was sie von diesem L_{50}-Wert hält, das Permethrin eine
"geringe Toxizität" bescheinigt.... Da hilft es auch nicht, sie mit der
Aussage zu beruhigen, dass Permethrin abgebaut wird, denn die
Krämpfe, die ein Insekt bis dahin durchmacht, manifestieren sich bei
uns als Kopfschmerzen, Nervenzittern, Juckreiz, Haarausfall, Übelkeit
und einer erhöhten Sensibilisierung gegen Allergene. In der Wohnung
ist man permanent über viele Monate dem Gift ausgesetzt. Ihr
Körper muss sich jede Sekunde damit beschäftigen und nicht nur
damit, sondern mit sämtlichen Umweltgiften und Stressoren unserer
Gesellschaft. Das wird in den Laboruntersuchungen nicht
berücksichtigt.

Permethrin ist **nicht wasserlöslich**. Alles was nicht hydrolytisch
gespalten werden kann, wird im Körper ins Fettgewebe eingelagert,

wo es über viele Jahre verbleibt, sich im Falle einer gefoggten Wohnung auch weiter im Körper anreichert, weil wir ja jeden Tag in der mit Permethrin-POBs-Mischung verseuchten Wohnung sitzen. Über viele Jahre blockieren die täglich inhalierten POBs im Körper den Abbau des Permethrins, sorgen über Jahre für eine stetige Einlagerung verwendeter Insektizide ins Fettgewebe, weil selbst nach dem Zerfall des Permethrins andere von uns verwendete Pestizide „dank" POBs im Körper nicht abgebaut werden. Das kann zu chronischen Vergiftungen führen, zu Kribbeln in den Gliedmaßen, Taubheitsgefühlen, Depressionen, Atembeschwerden, Erschöpfungszuständen, Schwindel. Es ist dann schon fast makaber, dass nicht die synergistischen Wirkungen im Alltag untersucht werden, sondern eine geringe Toxizität bescheinigt wird, weil Sie bei 80 kg Körpergewicht gut 20 Esslöffel am Tag in Reinform davon essen könnten und es in 50 % der Fälle überleben würden. Die L_{50}-Dosis, ein Irr- und Unsinn. Zugegeben, ein wenig plakativ formuliert, aber es soll Sie zum Nachdenken anregen. Baubiologen sind für Null-Toleranz-Grenzwerte wenigstens im Wohnraum. Dieser sollte absolut giftfrei sein!

Immerhin die amerikanische Umweltbehörde EPA stuft Permethrin als "**möglicherweise krebserregend**" ein. Selbst wenn das Pestizid Krebs nicht direkt verursacht, so trägt es doch entscheidend zum Stress im Körper bei. Stress macht Krebs, da er die körpereigene Abwehr einschränkt. Auch wer ein dauerhaft ungutes Gefühl hat, in einer belasteten Wohnung zu wohnen, lebt im ständigen Stress.

Auch findet man sehr allgemeine Informationen darüber, dass sich in Tierversuchen keinerlei Auswirkungen auf Schwangerschaften zeigten, also keine Fehlbildungen und ähnliches auftraten. Als Biologe schaue ich mir solche Studien genauer an. Mit welchen Methoden hat man das herausgefunden? Welche Dosis hat man verwendet? Welche Form der Verabreichung? Welche anderen Lebensumstände berücksichtigt? Welche Tiere? Alter der Tiere? Über welchen Zeitraum? Und auch: Was wurde bewusst oder unbewusste verschwiegen? Hat man die Substanz einem bereits schwangeren Tier gegeben oder einem Tier das bereits trächtig war? In welcher Woche der Trächtigkeit? Kam es zu Unfruchtbarkeiten? Bei männlichen Tieren? Verhaltensstörungen?

Permethrin hat eine "Schwachstelle". Es zerfällt unter Einfluss von Sonnenlicht, auch wenn es als relativ lichtstabil konzipiert wurde. Im Außenbereich wird es an sonnigen Plätzen recht schnell unwirksam. Schnell heißt einige Tage. Der Zerfall findet nur bei genügend hoher **UV-Strahlung** statt. Eine Fensterscheibe kann diese schon erheblich vermindern. Jeder Schatten kann ihn erheblich vermindern. In verschatteten Wohnungen hingegen hält es seine Wirkung mitunter ein halbes Jahr aufrecht, auf rauen Oberflächen, Stoffen oder ähnlichen noch mal deutlich länger. Mit dem Wegwischen ist es auch nicht ganz einfach, denn Permethrin ist nicht wasserlöslich. Es braucht ein **organisches Lösungsmittel** oder wenigstens ein organisches Detergens um es in Lösung zu bringen. In den Alltag übersetzt: Geben Sie dem Putzwasser etwas Allzweckreiniger oder ein Schuss Milch bei. Nur dann löst sich das Permethrin von Ihrem Schreibtisch und Co. Über das Putzwasser gelangt es ins Abwasser. Schütten Sie permethrinhaltiges Putzwasser nicht in Flüssen, Seen oder ins Meer und schütten Sie es nicht einfach auf den Boden im Freien (z. B. während Sie Ihren Wohnwagen schrubben). Es tötet. Für Fische ist es stark toxisch und im Grundwasser brauchen wir es auch nicht!

Wer seine **Katze** aus Unwissenheit mit einem permethrinhaltigen Mittel behandelt hat, handelte äußerst fahrlässig! Die Katze wird damit vergiftet, denn anders als Hunden fehlt den Katzen das Enzym, welches Permethrin abbauen kann. Sie schlecken es bei der Fellpflege ab und schlucken es. Permethrin wirkt auf das zentrale

Nervensystem. Vergiftungssymptome können damit Zittern, Speichelfluss, Krämpfe, Atemnot, Erbrechen, Durchfall, Fieber oder auch Unterkühlung sein. Sollte Ihre Katze nach einer versehentlichen Permethrinbehandlung solche Symptome haben, bringen Sie das Tier umgehend zum Tierarzt. Das Pestizid nehmen Sie mit, damit der Tierarzt weiß, mit welchem Mitteln und in welcher Dosis er es zu tun hat.

Permethrin ist der Hautwirkstoff in Mitteln gegen Kopfläuse. Es hat, trotz aller oben beschrieben Eigenschaften, auf den Menschen eine weniger schädliche Wirkung als Pestizide wie das Pyrethrum oder Lindan. Es findet sich z. B. im InfectoPedicul®, NoBite®, Infectoscab®, Loxazol®. Dennoch ist auch ein „weniger schädlich" schädlich.

Auch die **Tiermedizin** macht vom Permethrin Gebrauch. Es ist zu finden in Advantix®, Defendog®, Duowin®, exspot®, Fletic (D)®, Permit®, Pulvex Spot® oder im Preventic®. Die meisten sind Spot-on Präparate, also Mitteln, die man lediglich in den Nacken der Haustiere tropft. Auch findet es sich in manchen Ohrmarken oder Floh-Halsbändern als Wirkstoff. Handelsübliche Pestizide zum Sprühen gegen Schadinsekten enthalten ebenfalls Permethrin. Zu kaufen sind sie unter dem Namen Ardap® oder Contra Insect®.

Fast scheint es, dass Permethrin ein vielseitig verwendbares Wundermittel ist - wirkt es doch auch gegen Spinnentiere wie Zecken. In der Medizin wird es ebenso gegen Rosacea und als Acarizid gegen Krätze-Milben eingesetzt. Im Vergleich zum natürlichen Pyrethrum wird es als "verträglicher" eingestuft. Allerdings hat man in Dänemark bereits **Resistenzen** bei Läusen gegen Permethrin festgestellt. Das Wundermittel bröckelt.

Permethrin begegnet uns im Alltag gar nicht so selten. Es sind z. B. viele Wollteppiche damit ausgerüstet, um einen Befall mit Kleidermotten und Teppichkäfern zu verhindern. Sie dürfen sich nach diesem Kapitel und dem Wissen um Halbwertszeiten selbst die Frage beantworten, warum **Teppiche** so häufig im Sonderverkauf zu Spottpreisen angeboten werden....

Mit dem Abrieb der Teppiche gelangt das Permethrin und das POB in den **Hausstaub** und damit auch in die Luft. Sehen wir das möglichst positiv: Alles was in der Luft ist, lässt sich hinauslüften. **Lüften** Sie also, wenn Sie einen Naturteppich haben oder mit Permethrin gesprüht haben, so oft und lange wie Sie nur können - über Monate. Sie wissen ja, dank POB ist Ihre Fähigkeit Pestizide abzubauen stark beschnitten worden.

Als Insektizid, das eine gewisse abschreckende Wirkung auf Insekten hat und damit als Repellent (ins Deutsche übersetzt wird daraus ein „Fuß-Rückzieh-Effekt") wirkt, wird es auch im Kampf gegen die Malaria-Mücken und anderer Parasiten eingesetzt. Manche Outdoorkleidung und Moskitonetze für die Tropen werden mitunter mit Permethrin imprägnierte. Doch man muss nicht in die Tropen fahren. Manchmal reicht es den nächstgelegenen Holzbalken zu beproben, denn auch im Holzschutz verwendet man Permethrin gegen holzzerstörende Insekten. Balken und Bohlen mit Pestiziden bleiben eine Weile vom Hausbock- und anderen Nagekäfer verschont.

Permethrin im Haus: Was tun, wenn das Kind in den Brunnen gefallen ist?

Die Halbwertszeiten, mit denen Permethrin im Freiland abgebaut wird, beträgt etwa 30 Tage. Im Freien! Bei voller UV-Einstrahlung. Wer also seine ganze Wohnung mit permethrinhaltigen Mitteln gefoggt hat, kann davon ausgehen, dass er dementsprechend länger mit dem Pestizid um ihn herum leben muss. Deshalb: Reißen Sie alle Fenster so lange auf, wie Sie können mindestens für zwei Monate, eher länger. Im Sommer haben Sie gute Chancen, dass das Wetter fürs **Lüften** und die **UV-Bestrahlung** zu Ihren Gunsten ausfällt. Lassen Sie so viel Sonne ins Haus wie möglich. **Wischen** Sie alle Oberflächen mit einem Allzweckreiniger. Holzmöbel sollten Sie eine Extraportion Pflege in Form von biologischen **Holzpflegeöl** zuteilwerden lassen. Die alten Griechen haben das kostengünstig und baubiologisch mit einer Mischung von Meersalz und Olivenöl gemacht - auch Olivenöl löst Permethrin. Was sich in der Waschmaschine waschen lässt, sollte in die Waschmaschine kommen und ganz bestimmt ist nun auch der richtige Zeitpunkt gekommen, der Matratze auf dem Balkon das eine oder andere Sonnenbad zu gönnen. Länger als nötig sollte man seiner Gesundheit zuliebe nicht mit Pestiziden in nächster Nähe leben müssen. Woher weiß man, wann alles überstanden ist? Eigentlich nur, wenn man einem Umweltanalyselabor eine aktuelle Hausstaubprobe fachgerecht entnommen und verpackt zusendet und diese auf Insektizide prüfen lässt. Wie man richtig Hausstaubproben nimmt, erklären Ihnen meist die Labore selbst oder ein Baubiologe oder Umweltanalytiker in Ihrer Nähe.

Pyrethrum

Pyrethrum wird von den Marketingabteilungen der Pestizid-Hersteller gerne als "natürliches" Präparat angepriesen, das in Chrysanthemen zu finden ist und auch größtenteils daraus gewonnen wird. Tatsächlich ist es ein Naturprodukt. Andere Verbindungen aus der Gruppe der Pyrethroide, wozu auch das Permethrin zählt, sind z. B. Allethin, Cyfluthrin, Cypermethrin, um nur drei zu nennen. Diese sind dem natürlichen Pyrethrum zwar nachempfunden, aber chemisch synthetisiert und so verändert, dass sie als künstliche Pyrethroide eine längere Wirkzeit haben. Das klingt fast so, als sei das natürliche Pyrethrum "nicht so schlimm". Aber es ist alles andere als harmlos. Nur weil Taxin natürlich in Eiben vorkommt, ist es keineswegs harmlos! Oder das Tetrodotoxin des Kugelfischs. Auch Gifte natürlicher Quellen sind und bleiben Gifte! Tod ist tot. Also lassen Sie sich bitte nicht von der Aussage "stammt aus natürlichen Chrysanthemen" beruhigen. Sie würden auch kein Pilzgericht essen, das beworben wird mit „aus natürlichen Fliegenpilzen".

Zunächst: Pyrethrum ist keine Einzelverbindung, sondern dient dem Marketing als **Sammelbegriff** für alle Naturstoffe, die man aus *Tanacetum*- und *Chrysanthemum*-Arten gewinnt, einer Gattung innerhalb der Astergewächse, zu denen eben auch Chrysanthemen gehören. Der Hauptwirktstoffe sind die Pyrethrine, allen voran das namengebende Pyrethrin. Doch auch Verbindungen wie Cinerine und Jasmoline fallen unter "das Pyrethrum". Wir sprechen hier also von mehreren Verbindungen. Der Einfachheit wegen bleibe ich dabei und schreibe von „dem Pyrethrum". Sie wissen nun, dass ist wie bei „dem Floh" eine Sammelsurium.

Pyrethrum ist ähnlich wie Permethrin ein Kontakt- und Nervengift. Das Tier muss also mit dem Pyrethrum in Kontakt kommen. Dann wirkt das Gift auf das Nervensystem. Auch hier werden die Na$^+$-Ionen-Kanäle wieder offengehalten und die Nervenimpulse laufen von Krämpfen bis zur Lähmung im Dauerfeuer, ohne zurück ins Ruhemembranpotential kommen zu können.

Auch Pyrethrum wirkt auf alle Insekten, unterscheidet nicht zwischen Schädlingen und Nützlingen. Wie Permethrin ist es im Wasser stark toxisch für Fische. Der **LD$_{50}$-Wert** liegt bei männlichen Ratten bei 2,14 g/kg. Kurze Erinnerung: Er gibt die akute Toxizität an, also die Dosis, die von den Versuchsratten gefressen werden muss, bis die Hälfte von ihnen stirbt. Für weibliche Ratten ist Pyrethrum schädlicher. Hier liegt der L$_{50}$-Wert bei 0,7 g/kg. Es sagt nichts aus über die Qualen, die die anderen 50 % Überlebenden durchmachen.

Es gibt auch Untersuchen für die **dermale Aufnahme**. Das Versuchspersonal hat Ratten rasiert und ihnen Pyrethrine in die Haut injiziert oder aufgeträufelt. Bei 2g/kg Körpergewicht hat das bereits 50 % der Ratten das Leben gekostet. Wie es der anderen Hälfte mit ihren Vergiftungen ging, will ich nicht wissen. Hilft das dem flohbefallenen Haushalt? Nein, denn bei jedem Baubiologen schrillen die Alarmglocken, wenn er von einer dermalen L$_{50}$-Dosis liest. Damit birgt jedes mit Pyrethrum besprühte Sofa für den, der sich mit kurzen Hosen daraufsetzt oder mit der Hand darüberfährt, ein potenzielles Risiko, das auf keinen Fall etwas im Wohnumfeld zu suchen hat. Denken Sie an die auf dem Wollteppich spielenden Kinder. Die Wohnung sollte ein Ort der Entspannung und Regeneration sein, das Schlafzimmer noch mal mehr. Grenzwert im Wohnraum sollten bei null liegen.

Die Schweizer haben es erkannt. Immerhin im Arbeitsschutz haben sie einen maximal zulässigen MAK-Wert für permethrinhaltigen, einatembaren Feinstaub mit 5 mg·m^{-3} festgelegt.

Der menschliche Körper hat keine Handhabe gegen Pyrethrum. Während Permethrin per Hydrolyse (als mit Wasser) und bestimmten Enzymen abgebaut werden kann - vorausgesetzt, der Abbau ist durch zugesetztes POB nicht blockiert - verbleiben die Verbindungen des Pyrethrums im Körper. Da auch sie so gut wie nicht wasserlöslich sind, nicht abgebaut werden können und der Körper es nicht sinnvoll verwenden kann, macht er das, was er immer tut in solchen Fällen: einlagern. Pyrethrum wandert ins Fettgewebe.

Einen kleinen Lichtblick gibt es: Auch Pyrethrum zersetzt sich unter Einwirkung von Tageslicht schnell, sogar schneller, als das chemische Permethrin. Der flohbefallenen Souterrain-Wohnungen, den Zimmern mit kleinen Fenstern, den Nord-Zimmern und Schrankinhalten hilft das freilich wenig. Bereits 2004 wiesen Norbert Weis, Gerd Freudenthal und Ulrike Siemers für die AGÖF nach, dass die Halbwertszeiten, also die Zeit, die benötigt wird, damit sich die ursprünglich eingesetzte Konzentration jeweils um die Hälfte vermindert, für auf Glas aufgesprühtes Pyrethrum im Freiland bei zwei Tagen liegen, im Innenraum aber bereits 73 Tage betragen. Auf Glas! Die andere Hälfte ist immer noch vorhanden. Chlorpyrifos benötigte bis zum Abbau auf die Hälfte seiner Wirkmenge 630 Tage auf Glas, auf Spanplatten sogar 870 Tage. Sie müssten demnach mit der Nutzung des Spanschranks über zwei Jahre warten, wenn dieser mit Chlorpyrifos gefoggt wurde und hätten dann immer noch die halbe Dosis an ihn haften! Bei Piperonylutoxid sieht es noch schlimmer aus: auf Glas betrug die Halbwertszeit 1200 Tage, auf Spanplatten bis zu 1700 Tage! Wie verhält es sich mit einem eingesprühten Sofa, mit der Matratze, auf der Sie täglich schlafen? Die Lösung: Pestizide gehören erst gar nicht ins Haus.

Da Glas leichter zu reinigen ist als eine Spanplatte, kann man die Empfehlung geben, keine Spanplatten oder andere raue, schlecht zu reinigenden Oberflächen zu besprühen. Leider sind das genau die Flächen, an denen Floheier haften blieben können.

Pyrethrum findet sich in Elektroverdampfern, in Insektensprays und -streifen und -dosen gegen Ameisen, Schaben und anderen Krabbentiere, im Hundeshampoo und Flohpuder für Katzen, in Flohhalsbändern und in Mitteln gegen Kopfläuse am Menschen, wie z. B. im Goldgeist forte®, Jacutin N Spray® oder Infecto Pedicul®.

Machen Sie einen Versuch: Im nächsten Herbst gehen Sie in die nächste Gärtnerei und holen sich eine Chrysantheme. Schneiden Sie die Blütenköpfe ab, lassen Sie diese trocknen, anschließend können Sie sie in einem nicht für Lebensmittel bestimmten Mörser zermahlen. Sie erhalten ein "100 % natürliches Flohpuder" mit einer unbestimmten Menge rein natürlichem Pflanzengift. In der Tat wurde das bereits von den Römern als **"persisches Insektenpulver"** gegen Flöhe und Läuse verwendet. Aber: Würden Sie das, nach der Lektüre dieses Artikels bedenkenlos einsetzten? Dazu: Viele Pflanzen aus Gärtnereien sind ohnehin oft schon mit Insektiziden behandelt worden, denn welche Großgärtnerei lässt sich schon gern ihre Pflanzen von Käfern zerfressen. Auch Ihr selbst hergestelltes Insektenpuder ist ein Gift. Lassen Sie sich die Gefahr aus der Natur nicht von Marketingexperten schön dichten. So schön die Chrysanthemen auch sind. Auch Eisen- und Fingerhut sind wunderschöne Blütenpflanzen - aber giftig, vor allem pulverisiert, extrahiert, im ganzen Wohnraum versprüht, eingeatmet und verschluckt. Solche Stoffe gehören nicht als "natürliche" Insektizide verkauft. Niem bildet eine Ausnahme. Dazu gleich mehr.

Fazit: Wenn Sie unbedingt auf ein Pyrethrum-Produkt zurückgreifen wollen, nehmen Sie tatsächlich ein natürliches Pyrethrum-Mittel ohne POBs. Das zerfällt unter Lichteinfluss schneller als die künstlichen Versionen. Wischen Sie nach erfolgreicher Flohbekämpfung Ihre gesamte Wohnung, lassen Sie so viel Licht wie möglich hinein und lüften Sie gründlich und lange.

Trägermittel, Füllstoffe und Zusatzsstoffe

Oft denkt man bei Sprays oder Puder nur an den Hauptwirkstoff, aber selten daran, dass das ganze Mittel noch aus vielen anderen Bestandteilen zusammengesetzt ist und diese es mitunter in sich haben. Hätten Sie es gedacht? Sie haben mit Sicherheit schon Kieselgur gegessen. Ja! Ganz bestimmt sogar. Denn Kieselgur wird auch als **Füllmaterial** für Kapseln und Tabletten eingesetzt. Sie haben solche Kapseln und Tabletten bestimmt nicht wegen des Kieselgurs eingenommen, sondern weil der Hauptwirkstoff gegen Kopfschmerzen, Fieber oder andere Leiden geholfen hat. Auch Stärke wird in Tabletten verwendet. Aber wer nimmt Kopfschmerztabletten ein, um satt zu werden?

Trägermittel können flüssig sein wie im Falle von Wasser, Öl oder Ethanol. Ethanol ist besonders beim großräumigen Ausbringen problematisch, denn eingeatmet kann es zu Kopfschmerzen führen, was Sie wiederum zum Kieselgurpressling gegen Kopfschmerzen greifen lässt. Auch für Kinder und alkoholkranke Menschen kann Ethanoldampf in der Luft zum Problem werden. Andererseits eignen sich bestimmte Trägermittel nicht für jeden Wirkstoff und jede Anwendung, da sie entweder einen Emulgator brauchen, sich schlecht ausbringen lassen, die Haltbarkeit reduzieren oder als Lebensgrundlage für Mikroorganismen dienen können. Auch Wasser kann auf Matratzen aufgesprüht fatal sein, denn bei etwas zu viel Feuchtigkeit entwickeln sich Milben und Schimmelpilze. Daher sollte man, sofern man sich zu einem Spray entschließt immer auch über die Trägersubstanzen informieren. Auf Matratzen und Polstermöbeln würde ich z. B. auf Niem-Sprays mit Ethanolbasis greifen. Ethanol hat den Vorteil, dass es zusätzlich desinfiziert. Es schadet der Matratze also nicht, eher das Gegenteil ist der Fall. Beim Aufsprühen sollte man gründlich lüften und sollten Kinder in der Nähe sein, diese bitten ein paar Stunden im Freien zu verbringen. Danach ist der meiste Alkohol verdampft. Was man anschließend noch riechen kann, sind die zugesetzten Duftstoffe. Niem an sich riecht etwas streng. Daher sollte man auch die **Zusatzstoffe** im Blick haben. Gerade Allergiker reagieren mitunter sehr stark auf Duftstoffe. Nach ein bis zwei Tagen ist der Duft meist vollständig verflogen.

Niem

Niem, auch Neem geschrieben, ist ein sehr schnell wachsender Baum aus Indien, dessen Wirkstoff dort traditionell auf vielen Gebieten eingesetzt wird, als Heilmittel ebenso wie zur Insektenbekämpfung. **Azadirachtin A** ist der Stoff, der Niem zu einem Schädlingsbekämpfungsmittel macht: Er ähnelt sehr einem Hormon, das bei den Insekten die Häutung reguliert: dem Ecdyson. Azadirachtin blockiert die Andockstellen eben dieses Hormons. Häuten und Wachsen ist für das Insekt nicht mehr möglich, auch nicht für Flöhe. Man könnte es mit den Phthalaten, den Weichmachern in Kunststoffen vergleichen, die ähnlich wie das weibliche Hormon Östrogen aussehen und damit auch in unserem Körper hormonartig wirken können.

Außerdem hemmt Niem die Chintinsynthese. Die Flohlarven können kein Exoskelett mehr aufbauen, keinen harten Panzer bilden

     Flöhe, die (un-)heimliche Page

und sich nicht zum ausgewachsenen Floh entwickeln. Auf adulte Flöhe hat Niem nur eine abstoßende Wirkung! Deswegen: Bis man merkt, das Niem wirkt, können **vier Wochen** vergehen. Der Entwicklungszyklus eines Flohs von Ei bis zum erwachsenen Exemplar - mit nur kurzer Puppenruhe - beträgt im Durchschnitt drei Wochen. Ausgewachsene Flöhe können im Schnitt rund 180 Tage alt werden. Es heißt also geduldig sein. Was jedoch weggesaugt wird, ist weg. Wie man den Staubsauger behandelt, dazu in einem späteren Kapitel mehr.

Wesentlich leidiger ist die Puppenruhe der Flöhe. Wir erinnern uns: Flohlarven, die sich verpuppen, haben unter ungünstigen Bedingungen die Möglichkeit ihre Entwicklung bis zum erwachsenen Floh auf einen späteren Zeitpunkt zu verschieben, wenn günstigere Umweltbedingungen herrschen, z. B. es wärmer wird oder mehr Nahrungsangebote vorhanden sind. In den Puppen überstehen Flöhe etwa 9 Monate schlechte Bedingungen! Erschütterungen bedeuten für den verpuppten Floh: Da ist ein Zwei- oder Vierbeiner in der Nähe. Dann schlüpft der erwachsene Floh binnen weniger Minuten aus der Puppe, um seine neue Nahrungsquelle anspringen. Für Flohbefallene ist es daher nicht sinnvoll für zwei oder drei Wochen in den Urlaub zu fahren. Die In der Entwicklung befindlichen Flohlarven werden sich verpuppen und warten. In den Larvenstadien bis zur Verpuppung jedoch kann Niem diesen Zyklus unterbrechen.

Was tun gegen Flohpuppen?

Was aber tun gegen die im Kokon vor Niem geschützten Flöhe? Bewegung hilft. Laufen Sie möglichst viel in der Wohnung herum. Schieben Sie den Staubsauger auch in ruhige Ecken, unter Sofas, überall dort, wo Sie nicht viel herumlaufen. Die Erschütterungen aktivieren die Flöhe zum Schlüpfen. Ein paar Minuten bis etwa eine halbe Stunde später sollten Sie die gleiche Fläche noch einmal absaugen, damit Sie neu geschlüpfte Flöhe auch einsaugen. Eier, die von dem neu geschlüpften Flohweibchen eventuell schon gelegt wurden, weil der Staubsauger das Tier zu spät erwischt hat, kommen in den nächsten ein bis drei Wochen mit Niem in Kontakt oder werden bei einem der nächsten Staubsaugergänge ebenfalls aufgesaugt.

Die gute Nachricht: Bewohnte Wohnungen geben den Flöhen kein Grund, sich lange in der Puppenruhe aufzuhalten.

Niem wirkt etwa drei bis sechs Monate, je nach verwendeter Konzentration und Einsprühdichte. Wer sicher gehen will, sollte also nach jeweils drei Monaten kritische Bereiche wie Kleiderschränke und schwer zugängliche Winkel oder mit Textilien bespannte Oberflächen, die nicht in die Waschmaschine passen, wie Matratzen, Teppiche oder Polstermöbel erneut mit Niem besprühen. Flöhe, die sich aus dort abgelegten Eiern entwickeln wollen, bleiben in ihrer Entwicklung stecken und sterben. Das gilt auch für alle Floheier, die in den nächsten Wochen von noch eventuell herumhüpfenden Flöhen dort fallen gelassen werden.

Niem wirkt auch als Repellent, als Abwehrmittel. Es ist sozusagen der Schrecken aller Insekten, die intuitiv wissen, dass dort die Nachkommenschaft keine Chance hat. Den Flöhen geht es da nicht anders. Sie türmen, da sie spüren, dass ihr Nachwuchs an diesem Ort zum Untergang verdammt ist. Natürlich gibt es immer auch ein paar besondere Exemplare, die es dennoch versuchen wollen. Sollte es den Flöhen irgendwann gelingen, unter dem Einfluss von Niem dennoch eine erfolgreiche neue Generation zu produzieren, gäbe es die erste niemresistente Flohgeneration und die Menschheit müsste sich nach anderen Insektiziden umsehen. Daher ist der bedenkenlose, dauerhafte Einsatz aller Insektizide, inklusive des Niems, nicht zu empfehlen. Spätestens wenn die Flohplage beseitigt ist, kann man deutlich mit dem Gebrauch zurückfahren und allenfalls alle 6 Monate noch einmal die Matratzen einsprühen, um die Hausstaubmilben zu dezimieren. Gegen sie hilft Niem auch, denn es ist nicht nur ein Insektizid, sondern auch ein Akarizid, ein Mittel gegen Spinnentiere.

Unbedenklich oder nicht?

Da wir Menschen weder einen Chitinpanzer haben noch ein Hormon, das annähernd so aufgebaut ist wie das **Häutungshormon** der Insekten, das Ecdyson, ist Niem für den Menschen unbedenklich. Wir haben noch nicht mal annähernd vergleichbare Rezeptoren. Mit Niem kann der menschliche Körper nichts anfangen.

Dennoch gibt es Berichte, in denen Menschen **empfindlich auf Niemprodukte** reagieren. Ob diese Reaktionen eventuell an den Trägersubstanzen (meist Ethanol), an zugesetzten Duftstoffen (oft Geraniol oder Citronella) oder tatsächlich am Niem liegen, entzieht sich meiner Kenntnis. Die eigene Verträglichkeit, besonders in Allergiker-Haushalten, sollte in jedem Fall vor der großflächigen Anwendung vorsichtig geprüft werden.

Es gibt Fälle in denen **Vergiftungen** beschrieben werden **durch Schlucken** der Niempräparate. Ich merke hier kurz an, dass alle in diesem Buch beschriebenen Anwendungen lediglich der Oberflächenbehandlung dienen, nicht der oralen oder intravenösen Aufnahme!

Vergiftungen bei Verschlucken können durch den als Trägermittel verwendeten vergällten Alkohol hervorgerufen werden oder von Inhaltsstoffen wie Nimbin oder Quercetin im Niem verursacht worden sein. Schlussendlich sind einige Niempräparate auch mit Aflatoxinen kontaminiert, sodass sich auch daraus eine Gesundheitsgefährdung für Menschen ergeben kann. Wir reden immer noch vom Verschlucken! Wie für alle Haushaltsmittel gilt auch für das Niem, es kindersicher zu lagern und nicht in deren Hände zu geben.

Empfindliche Menschen sollten auch Niemöl zum Auftragen auf die Haut vorsichtig testen, denn es werden mitunter Hautreizungen beschrieben.

Ich selbst nutze Niemöl schon lange zur Mücken- und Zeckenabwehr im Sommer. Im Innenraum nutze ich es seit unserem Flohbefall 2016 regelmäßig, in dem ich alle sechs Monate die Polstermöbel und Matratze damit besprühe. Bei keinem meiner Familienmitglieder ist daraufhin irgendeine Reaktion feststellbar gewesen... nein das stimmt nicht ganz. Durch den Rückgang der Hausstaubmilben sind asthmatische Anfälle bei mir etwas seltener geworden.

Gefährlichkeit für das Ökosystem

Doch auch wenn Niem - vom Verschlucken abgesehen - für Menschen ungefährlich ist und in einer Vielzahl von Veröffentlichung zu lesen ist, dass es auch für Bienen ungefährlich sei soll, sollte man dennoch kritisch bleiben und es nicht bedenkenlos überall verteilen. Es gibt ja noch mehr als nur Bienen und auf Spinnentiere wirkt es auch. Wie wenig wir die Zusammenhänge im Ökosystem berücksichtigen, zeigt sich, wenn wir nur auf ein „für Bienen ungefährlich" lesen und dann nicken und denken, damit sei doch alles gut. Es mag nicht auf Honigbienen wirken, aber es wirkt auf den Wollschweber. Der Wollschweber ist ein Brutparasit bei Wildbienen. Man könnte nun denken: "Oh, fantastisch, dann fördern wir damit doch die Wildbienen", aber der Wollschweber ist ein Insekt, das mit Vorliebe Blattläuse erbeutet und nur für seine Brut Wildbienen braucht. Sowohl die Larven des Wollschwebers als auch die Blattläuse werden vom Niem vernichtet, genauso wie sämtliche Raupen, vom Schwalbenschwanz bis zum Ameisenbläuling sowie alle Spinnen und ihre Verwandten. Gerade mal eine Stufe weiter in der Nahrungskette sitzt der Zaunkönig. Dieser frisst nicht so gerne wehrhafte Bienen, aber Raupen findet er köstlich. Nur sind diese dann alle tot. Er stirbt still, zusammen mit unserer gesamten Vogelwelt, die in den letzten Jahrzehnten stark dezimiert wurde, weil immer mehr Insekten fehlen. Weil wir spritzen als gäbe es kein Morgen. Natürlich trägt dazu ein Großteil die Landwirtschaft bei, doch sollten wir nicht mit dem Finger auf die Landwirte zeigen, wenn wir es noch nicht mal in den eigenen vier Wänden schaffen, Gifte einzuschränken. Der Niemeinsatz ist im Falle eines Flohbefalls im Wohnraum vertretbar. Sollte aber schnellstmöglich wieder eingestellt oder stark gedrosselt werden. Das Ökosystem mit seinem Gleichgewicht ist sehr komplex. Je weniger wir hier eingreifen, desto besser.

Fressfeinde der Flöhe waren einst wild lebende Hühnervögel wie Rebhühnern und Wachtel. Diese finden nur heute kaum mehr extensiv bewirtschaftete Felder oder Wiesen ohne nicht angeleinte Hunde oder herumstreunende Katzen. Sie können werde ungestört brüten, noch finden sie genug zu fressen, weil sie außer Flöhen auch andere Insekten vertilgen würden. Raubwanzen und alle insektenfressende Käfer vernichten ebenfalls Flöhe - mehr die Larven als die schnell flüchtenden Flöhe. Ameisen sollen ebenfalls Flöhe erbeuten. Wie Wanzen und Käfer gehören auch sie zu den Insekten und würden ebenfalls durch das Niem in Mitleidenschaft gezogen werden. Daher noch mal: Niem ist und bleibt ein Insektizid! Ein Gift! Der vorsichtige, besonnene Umgang mit solchen Mitteln ist Pflicht. Inwieweit sich gegen Niem Resistenzen bei Flöhen bilden können, hierzu lagen mir zum Zeitpunkt der Bucherstellung keine Daten vor.

Kieselgur

Kieselgur wirkt auf erwachsene Flöhe

Diatomeenerde, auch bekannt als Kieselgur, ist ein schon sehr lange von der Menschheit verwendetes Insektizid. Der feine Staub, der aus fossilen Kieselalgen-Skeletten besteht, kann heute aber auch künstlich hergestellt werden. Kieselgur ist so fein und bizarr in seiner Struktur, dass der Staub am Floh haften bleibt. Der Floh versucht sich davon zu befreien. Durch die Bewegungen verteilt er die Kieselgur jedoch noch gründlicher und sie gelangt an die Schwachstellen des Tieres: die Gelenke. Dort bohren sie sich in das Exoskelett und Kieselgur entfaltet ihre Wirkung: Sie zieht Feuchtigkeit an. Kieselgur trocknet Insekten bei lebendigem Leib aus. Das braucht ein paar Tage. Zwischen 48 und 72 Stunden kann so eine "Mumifizierung am lebenden Objekt" dauern. In diesen vier Tagen kann es vorkommen, dass trotz Kieselgur ein springender Floh gesichtet wird und vielleicht aggressiver als sonst sticht. Er hat den Durst eines Verdurstenden. Auch nach den vier Tagen kann hin und wieder noch ein Floh zu sehen sein. In dem Fall sind das die Exemplare, die bis vor Kurzem in der Puppenruhe waren und gerade erst frisch geschlüpft sind. Doch nach einer Woche müssten erste große Erfolge mit Diatomeenerde zu verbuchen sein. Kieselgur wirkt in trockenen Wohnungen (50 % relative Luftfeuchte) etwa ein Jahr. Danach ist es selbst vollgestaubt und so feucht, dass es keinen weiteren Effekt hat.

Achtung: Krebsrisiko beim Einatmen

Gleich vorneweg: Der feine Kieselgur-Staub ist **lungengängig** und kann beim Einatmen Krebs auslösen. Die winzigen, scharfkantigen Kristalle können bis in die Alveolen vordringen und nicht mehr aus der Lunge entfernt werden. Das Lungengewebe vernarbt in Folge dessen immer mehr, der Patient, der unter „Silikose" leidet, bekommt immer schlechter Luft, einen immer größer werdenden Sauerstoffmangel und damit zusammenhängende Folgeerkrankungen, die letztendlich zum Tod führen. Die Krankheit ist als Staublunge seit dem Altertum bekannt. Außerdem führt das ständig neu verletzte Narbengewebe irgendwann zu unkontrolliertem Zellwachstum: Krebs. Deswegen: Jeder, der Kieselgur ausbringt, sollte möglichst vorsichtig und umsichtig damit arbeiten und eine Feinstaubmaske tragen.

Anders als beim Permethrin: Haftet Kieselgur auf einem Apfel und wird versehentlich mitgegessen, ist das nicht dramatisch. Kieselgur ist **essbar**, weshalb es sich auch in manchem Tierfutter, kosmetischen Produkten oder Füllmaterial für medizinische Kapseln findet. Auf dem Apfel kann es nur problematisch werden, wenn es so dick aufliegt, das man es beim Essen einatmen könnte.

Siliziumdioxid, Kieselsäure, Diatomeen oder Kieselerde?

Die Verwirrung ist groß. Einige sprechen von Diatomeen, Diatomeenerde, Diatomin, Kieselsäure, kristallinem Kieselgur und amorphen Kieselgur und dann gibt es da noch die Kieselerde. Was ist das alles? Hierfür müssen wir einen Blick in die verschiedenen Fachbereiche werfen.

Im Meer leben Kieselalgen, die auch als **Diatomeen** bezeichnet werden. Sie zählen Biologen zu den Bacillariophyten mit gut 6000 Arten, die sehr unterschiedliche Bereiche der Welt bewohnen. Sie leben in tropischen Meeren oder in der eisigen Kälte der Eismeere. Es gibt sie in Süßwasserseen und epiphytisch lebend auf Steinen oder Pflanzen. Kieselalgenprodukte müssen also keineswegs fossil sein, man kann sie auch aus heute lebenden Kieselalgen herstellen. Allen **Kieselalgen** gemeinsam ist, dass sie ihre Zellwände aus Siliziumdioxid aufbauen, so wie wir unsere Knochen mit Kalzium. Siliziumdioxid ist eine stabile Verbindung, weshalb man die Skelette von abgestorbenen Kieselalgen auch in fossilen Schichten finden kann. Hier haben sich einst große Mengen Kieselalgen angesammelt und dicke Schichten aus biogen entstandenen Siliziumdioxid-Skelette gebildet. Das ist die Kieselgur, die ich zur Flohbekämpfung empfehle. Warum ausgerechnet dieses dazu gleich mehr.

Auch Schachtelhalme und Gräser verdanken ihre Stabilität dem Einbau von Siliziumdioxid. In Drogerieprodukten ist daher auch bei machen Silizium-Präparaten für Knochen, Haar und Bindegeweben häufig ein "aus Schachtelhalm gewonnen" zu lesen. Es findet auch Verwendung als Nanopartikel und als Trennmittel und Rieselhilfe in der Lebensmittelindustrie. Dort versteckt es sich hinter der Nummer E551 und wird meist chemisch synthetisiert.

Um zu verstehen, was **Kieselsäure** ist, müssen wir ein wenig in die Chemie gehen. Kieselsäuren finden sich im Wasser mehr oder mehr häufig. Sie sind die Sauerstoffsäuren des Siliziums, das heißt, dass sich das Siliziumdioxid mit Wassermolekülen verbindet. Daraus entsteht eine Verbindung, die der Chemiker auch als **Siliziumdioxidtetrahydroxid** bezeichnet. Der Laie sagt dazu Kieselsäure. Vereinfacht kann man sich das so vorstellen: Säuren sind wie Laugen auch, Verbindungen, die in Lösung in einem für sich typischen Gleichgewicht gelöst vorliegen. Ein Teil der Kieselsäure "schwimmt" als geladenes Ion gelöst in der Lösung herum. Der andere Teil ist als suspendiertes Siliziumdioxid zu finden. Es ist nie so, dass alle Siliziumdioxid-Moleküle sich gleichzeitig mit Wasser zu Kieselsäure verbinden, sondern das ein Teil des Siliziumdioxids eine Verbindung mit den Wassermolekülen eingeht, während der andere Teil die Verbindung wieder auflöst. Daraus ergibt sich der pH-Wert der Lösung. Wir haben also Siliziumdioxid, Wasser und gleichzeitig auch Kieselsäure in einen Gleichgewicht im Wasser. Rein chemisch versteht man hier, dass Siliziumdioxid und Kieselsäure nicht das Gleiche sein können. Kieselsäure bildet sich aus Siliziumdioxid und Wasser. Im Siliziumdioxidtetrahydroxid benennt das „Tetra-Hydroxid" die vier Hydroxy-Gruppen (OH-Gruppen), die sich durch die Reaktion des Siliziumdioxids mit dem Wasser ergeben. Diese OH-Gruppen machen die Kieselsäure zu einer Säure. Die Algen nehmen die Kieselsäure auf und entziehen ihr beim Einbau in den Körper dieses Wasser. Zurück bleibt das Siliziumdioxid, das zum Aufbau des Skeletts genutzt wird, analog zu den Kalzium-Ionen unserer Knochen. Von der Kieselsäure hat sich also unter Abspaltung von Wasser, das wasserfreie Siliziumdioxid gebildet. Da dies keine gitterförmige Struktur annimmt wie in einem Kristall, sondern in den Kieselalgen nach einer biogenen Bauanleitung verbaut wird, spricht der Chemiker und der Biologe hier auch von amorphem Siliziumdioxid. Da dies viel zu kompliziert für den Laien ist, wird die ganze chemische Reaktion in einen "Begriffstopf" geworfen und von den Marketing-Abteilungen diverser Drogerieprodukt-Hersteller gleichgesetzt. Kieselsäure geht viel leichter von der Zunge als Siliziumdioxid oder gar Siliziumdioxidtetrahydroxid.

Oft wird Kieselgur und sogar Kieselsäure in einem Atemzug mit **Kieselerde** genannt, sodass manche Anwender annehmen, man könnte statt Kieselgur Kieselerde gegen Flöhe ausstreuen. Dem ist nur bedingt so. Das ist davon abhängig, wie hoch der Anteil an Tonmineralen und Verunreinigungen im Vergleich zur Kieselgur ist, sofern im Produkt vorhanden. Streng genommen ist Kieselgur eine Form von Kieselerde, nämlich eine, in der fast ausschließlich Diatomeenskelette enthalten sind. Für Kieselerde hingegen gibt es im Handel **keine feste Definition**. Einzige Ausnahme ist die Neuburger Kieselerde, die einzig und allein in Neuburg an der Donau abgebaut wird und die als fester Begriff auch eine definierte Zusammensetzung hat. Sie wurde aus verwittertem Granitgestein gebildet, das aus Kieselsäure und Kaolinit besteht. Kaolinit ist ein zweischichtiges **Tonmineral** und verleiht kosmetischen Anwendungen wie Gesichtspackungen „mit Kieselerde" eine cremige Konsistenz. Doch damit hat sich die feste Definition einer Kieselerde schon. Wer in der Neuburger Kieselerde nach Diatomeenskeletten sucht, sucht vergeblich. Es ist ein Naturprodukt, aber kein biogen hergestelltes, sondern ein geologisches, wenn man so möchte.

Kieselsäure charakterisiert Kieselerde. Sie kann darüber hinaus aber auch Tonmineralien und anderen Verunreinigungen enthalten. Die Kieselsäure selbst kann sowohl aus mineralischen Quellen stammen z. B. Quarz oder Granit, oder sie stammt aus biogenen

Sedimenten (z. B. aus Diatomeenskeletten). Da der Anteil der Tonminerale und Verunreinigungen und auch die Herkunft der Kieselsäuren sehr unterschiedlich in der Kieselerde sein können, erklärt dies auch den unterschiedlichen Preis der Produkte. Es erklärt auch, warum Kieselgur meist etwas teurer ist als Kieselerde. Kieselgur ist ein fossiler Rohstoff biogenen Ursprungs, während Kieselerde auch rein mineralisch aufgebaut sein kann und sich Kieselsäure sogar künstlich herstellen lässt.

Der Chemiker ist hier der Genauste, denn er spricht nur von Kieselerde, wenn er **Kieselsäureanhydride** vor sich hat. Kieselsäurenanhydride kennen Sie: Das ist ein anderes Wort für Siliciumdioxid. Der Handel hat diesbezüglich keine Absprache mit Chemikern getroffen, und unsere Marketing-Experten vereinfachen und verkaufte somit alles was in irgendeiner Form eine relevante Menge Siliziumdioxid enthält als „**Kieselerde**". Das kann zu einem Großteil auch Tone und Quarz enthalten oder Kieselgur. Wenn auf der Packung allerdings Kieselgur steht, dann sollte es dieses auch enthalten. Merken Sie sich, dass Kieselerde ein Überbegriff ist und Kieselgur eine bestimmte Form von Kieselerde darstellt. Auch bei der Kieselgur ist eine begriffliche Vereinfachung erfolgt, wie wir bei amorphem und kristallinem Kieselgur noch erleben werden.

Kieselerdehaltige Cremes eignen sich leider gar nicht zur Flohabwehr oder zur Flohbekämpfung, denn die Kieselgur ist in der Creme an die Inhaltsstoffe gebunden, pudert also nicht und ist hygroskopisch schon gesättigt. Der Effekt für die Flohvernichtung ist somit null. Ein kleiner Trost: Ganz nutzlos ist das Eincremen aber nicht, denn eine flohgeplagte Haut braucht Pflege. Vielleicht kann man der Creme ein paar Tropfen Niemöl beifügen, dann hat man eine Hautcreme mit Repellent-Wirkung hergestellt.

Exkurs: Siliziumdioxid und seine Verbindungen in der Wissenschaft

Wenn der **Chemiker** von Siliziumdioxid spricht und wohl zuerst an die Reaktion zur Kieselsäure denkt, so fällt dem **Geologen** bei Siliziumdioxid wahrscheinlich zuerst das **Quarz** ein. Quarz ist nichts anderes als reines Siliziumdioxid in seiner kristallinen Form. Gemahlen Quarzstaub könnten Sie theoretisch als Kieselerde oder sogar als Kieselgur verkaufen. Kieselgur ist kein geschützter Begriff, auch wenn sich hier ein Schutz anbieten würde. Die chemische Formel ist identisch. Der Quarzkristall ist aus geometrisch zusammen gesetzten Siliziumdioxid aufgebaut. Die wenigsten Geologen würden aber auf die Idee kommen, eine Quarzschicht als Kieselerde zu bezeichnen, denn Kieselerde ist für sie eine Schicht aus fossil abgelagerten Diatomeenskeletten, vermischt mit Tonen oder Sanden. Der Mineraloge mag das anders sehen, als der Sedimentologe.

Mit Kieselerde bezeichneten **Bergleute und Glaser** früher alles, was genug Quarz enthielt und sich zur Glasherstellung eignete. Sie zeigen also auf einen Haufen abgebauten **Feldspates** und riefen "Kieselerde", sie zeigen auf fossilen **Diatomeensand** und riefen "Kieselerde", sie zeigten auf gewöhnlich **Sand** und riefen "Kieselerde" und wenn man **Schachtelhalm** zerrieben hätte und es auf einen Haufen geschaufelt hätte, dann hätten eben jene damaligen Menschen den Haufen auch als "Kieselerde" bezeichnet. Etwas plakativ, zugegeben, aber Sie sehen, wie schwammig der Begriff bis heute ist. Wenn Sie bei Ihrem nächsten Drogeriebesuch vor dem Regal mit "Kieselerde" stehen und sich fragen, woraus die denn nun wirklich besteht, haben Sie verstanden, was ich mit diesem Artikel darlegen wollte. Machen Sie sich schlau. Erliegen Sie nicht der Versuchung, Ihre Bildung den Marketingabteilungen dieser Welt zu überlassen, denn dann können Sie sich bald für dumm verkaufen lassen.

Um es kurz zu machen: Kieselalgen lebten vor sehr langer Zeit auf der Erde. In den Urmeeren sanken abgestorbene Kieselalgen zu Boden und bildeten stellenweise dicke **Sedimentschichten**. Der Geologen spricht vom biogen gebildeten Sediment. Eine solche biologisch aus Kieselalgenskeletten gebildete Schicht wird abgebaut und eigentlich immer als Kieselgur verkauft. Es ist ein fossiler Rohstoff, entstanden in den Urmeeren und 100 % natürlich. Wie Rohöl. Das Kieselgur aber nicht immer aus Kieselalgen bestehen muss, wissen Sie nun.

Siliziumdioxid gibt es auch in der Homöopathie als Globuli z. B. gegen Bindegewebsschwäche und andere Leiden. Es wird als *Silicea terra* bezeichnet, zu deutsch: Kieselerde. Ein Zitat zeigt, dass nicht alles ist, wie es scheint.

„Kieselsäure kommt in der Natur vornehmlich als Salz (Silikat) vor. Auch unter dem Begriff "Kieselerde" bekannt, ist sie beispielsweise ein Bestandteil des Sandsteins. Für die Herstellung homöopathischer Silicea-Arzneien wird heute überwiegend chemisch hergestelltes Siliziumoxid verwendet."

(Quelle: http://www.homoeopathie-homoeopathisch.de/homoeopathische-mittel/Silicea-terra.shtml)

Chemisch synthetisiertes *"terra"* müsste eher *"labora"* heißen. Synthetisiert wird Siliziumdioxid meist über Fällung aus Wasserglas oder über die Knallgasreaktion aus Silane. Theoretisch könnte man das Siliziumdioxid für die Globili *Silicea terra* auch aus Schachtelhalm, Sand oder Diatomeenskeletten herstellen. Mit dem Begriff *terra* würden sie dann deutlich mehr verbinden. Ich bin ein großer Fan der Homöopathie, nur heißt das nicht, dass ich dabei nicht kritisch sein darf, vor allem wenn es ums Marketing geht.

Gefährliches und ungefährlicheres Kieselgur oder die Frage nach dem Quarzstaub

Wenn Sie das Kapitel bis zu diesem Punkt gelesen haben und kein Chemiker sind, dürften Sie nun recht verwirrt sein. Zurecht. Genau so verhält es sich mit den Begriffen rund um Kieselgur. Vereinfachungen tun also Not, gehen aber auf Kosten von Genauigkeit.

Gehen wir zurück zum Anfang des Kapitels: Kieselgur ist beim Einatmen gesundheitsschädlich. Eine berechtigte Vereinfachung. Sie wissen bereits, dass Kieselgur aus bestimmten Sedimentschichten abgebaut wird. Diese Schichten enthalten auch Minerale wie z. B. Quarzsand. Dieser besteht aus Siliziumdioxid. Das in den Diatomeenskeletten eingebaute Siliziumdioxid liegt in amorpher Form vor, das in den Quarzen ist kristallines Kieselgur, zu Kristallen zusammengesetztes Siliziumdioxid. Die kristalline Struktur bleibt auch beim Zermahlen enthalten. Sowohl die zermahlenen Diatomeenskelette als auch die Kristalle können bis in die Lungenbläschen vordringen. Bei Kieselgur gibt es immer wieder die Aussage, dass kristallines Kieselgur gesundheitsschädlicher ist, als amorphes. Wie ist das zu verstehen?

Die Sedimentschichten, aus denen Kieselgur abgebaut wird enthalten, wie Sie nun wissen, auch Tonminerale und andere Verunreinigungen. Während reiner Quarzstaub mit seinem

kristallinen Siliziumdioxid kaum mit Säuren und Wasser reagiert, ist
das bei Kieselalgenskelette anders. Säuren lösen das amorphe
Siliziumdioxid aus den Skeletten und es stellt sich das Gleichgewicht
mit Kieselsäure in Lösung ein. Das passiert bedingt auch im feuchten
Milieu der Lunge. Daher die Aussage, amorphe Kieselgur ist weniger
gesundheitsgefährdend als ihre kristalline Form. Die Sache hat nur
einen Harken: Wissen Sie wie hoch der Quarzanteil in der Kieselgur-
Schicht war, aus dem die Kieselgur stammt, das Sie vielleicht gerade
in der Hand halten? Hier müsste man bei jeder Charge den
Hersteller fragen. Ob dieser eine Antwort geben kann? Genau das ist
der Grund, warum man prinzipiell mit jeder Kieselgur um- und
vorsichtig hantieren sollte.

Feinstaub gehört nicht in die Lunge und Kieselgur, selbst wenn sie
zu 100 % einen natürlichem Ursprung hat, ist meist mit einen
unbekannten Anteil Quarzstaub verunreinigt. Daher: Selbst wenn
Siliziumdioxid in den Diatomeen in amorpher Form vorliegt, so gilt
bei allen Kieselgur-Anwendungen im Wohnraum: So wenig und
staubfrei wie möglich ausbringen.

Hauptrisikogruppen für Lungenkrebs durch Kieselgur

Kieselgur kann auch über Schmelzprozesse gewonnen werden.
Dafür wird amorphes Siliziumdioxid geschmolzen und es nimmt eine
kristalline Form an. Es wird zu Cristobalit. Auch das kann vermahlen
und als Kieselgur verkauft werden, genauso wie siliziumreiche
Abfallprodukte diverser Prozesse in der keramischen/mineralogischen
Industrie. Daher findet sich in diesen Berufen auch die

Hauptrisikogruppe für Lungenkrebs: Bergleute, die mit Naturstein arbeiten, Schacht- und Gesteinshauer, Tunnelbauer, Gußputzer, Sandstrahlarbeiter, Ofenmaurer, Former in der Metallindustrie, Steinmetze, Mitarbeiter in Steinbrüchen und der Silikat- und Tonindustrie und natürlich auch Menschen, die beruflich mit der Aufbereitung und dem Umschlag von Diatomeenprodukten zu tun haben bis hin zu Laboranten und Arbeitern im grob- und feinkeramischen Betrieben von Dentallaboren. Deshalb wird Kieselgur nach TRGS 906 im "Verzeichnis krebserzeugender Tätigkeiten oder Verfahren nach § 3 Abs. 2 Nr.3 Gefahrenstoffverordnung" als krebserregend eingestuft. Für die meisten Berufe gilt deshalb am Arbeitsplatz ein MAK-Wert.

Was tun, wenn man Kieselgur einsetzen will?

Wir wissen nun: Kieselgur gehört nicht in die Wohnung. Flöhe gehören da aber auch nicht hin. Deshalb sollte man das Risiko für Kieselgur abwägen und minimieren.

- Die optimale Kieselgur kaufen. Die baubiologisch beste Kieselgur ist natürlichen Ursprungs, enthält möglichst wenig Quarzstaub und Cristobalit, war keinem schmelztechnischen Prozess unterworfen und wurde nicht mit kristallinem Siliziumdioxid versetzt oder gestreckt. Fragen Sie im Zweifelsfall beim Anbieter oder Hersteller nach.

- Schicken Sie Kinder und Mitbewohner für ein paar Stunden während des Ausbringens der Kieselgur nach draußen.

- Überprüfen Sie die Raumluftfeuchte. Für Kieselgur kann es zwar nicht trocken genug sein, aber damit sie sich auch absetzt und nicht unnötig lange in der Luft bleibt, sollte die relative Raumluftfeuchte um 50 % betragen.

- Tragen Sie eine FFP3-Maske beim Ausbringen. Solch einen Atemschutz gibt es heute in jedem Baumarkt als Einwegfiltermasken z. B. für die Schimmelpilzsanierung zu kaufen. Manche Baumärkte verleihen Atemmasken extra auch für das Arbeiten mit Kieselgur, oft gerade, weil sie Kieselgur im Sortiment führen. Einfach nachfragen.

- Behandeln Sie wirklich nur sehr partiell Bereiche, die Sie nicht saugen können! Je weniger Fläche, desto besser.

- Bringen Sie es nicht pudernd aus, sondern messerspitzenweise, indem Sie es z. B. in die Ritzen und Winkel mit einer Löffelstiel schaufeln.

- Decken Sie alle elektrischen Geräte ab! Für Fernseher, Stereoanlage oder PC macht es keinen Unterschied, ob es kristallines oder amorphes Siliziumdioxid ist. Feinstaub schadet elektrischen Geräten.

- Verlassen Sie das Haus für ein paar Stunden. Dann hat sich der meiste Staub bereits gelegt.

- Wenn Sie nach Hause kommen, lüften Sie!

- Kieselgur bleibt nun für eine Woche liegen und wird nicht weggesaugt. Danach kann man sie erneuern, wenn die

Luftfeuchtigkeit zwischenzeitlich sehr hoch war, ansonsten kann man sie auch liegen lassen.

Ich selbst hatte Kieselgur bei unserem Flohbefall nur an zwei Stellen ausgebracht: unter unseren Wohnzimmerschrank und unter dem Schreibtisch. Der Schrank stand leider nur ein paar Millimeter über dem Boden, sodass saugen hier nicht möglich war. Also hatte ich mit einem Löffel etwas Kieselgur auf eine Postkarte gegeben und erst vor dem Spalt zum Schrank vorsichtig von der Karte direkt vor den Spalt rutschen lassen. Anschließend schob ich die Kieselgur mit der Karte ganz unter den Schrank. Dadurch hat sich ein kleiner „Wall" aus Kieselgur gebildet, durch denn jeder Floh marschieren musste, wollte er unter dem Schrank hervor. Gleiches Spiel unter meinem uralten Schreibtisch, der ein ganz ähnliches Problem hat: zu wenig Platz für den Staubsauger. Heute steht er aufgebockt auf Korkfüßen und unser Staubsaugerroboter kann bequem darunter saugen.

Nützliches Wissen rund um Kieselgur

Essen könnte man Diatomeenerde - zum aktuellen Stand der Wissenschaft - bis zu einer gewissen Menge gefahrlos. In diesem Zusammenhang ist es interessant, dass bereits 2007 das Institut für Mineralogie der Universität Hamburg und die Bundesanstalt für Materialforschung einige im Handel erhältlichen "**Kieselerde-Präparate**" untersucht hat. In neun von zehn Produkten, die für die Einnahme geeignet schienen, feststelle das Institut aber fest, dass diese die kristalline Form enthielten. Sieben Präparate enthielten Quarz und zwei sogar fein gemahlenes Cristobalit. Kein Wunder, dass solche Meldungen schwer im Magen liegen. Dem Magen jedoch macht es nichts aus, ob kristallin oder amorph, der Lunge aber schon!

Der große Aufreger der Meldung von damals dürfte nicht auf dem gesundheitlichen Aspekt gelegen haben, sondern auf der Tatsache, dass billiger Quarzstaub als teure Tabletten für Haut und Haar angeboten wurde. Verbrauchertäuschung. Da das leider immer wieder vorkommt, muss man bei Kieselgur leider ständig mit allem rechnen. Übrigens: In großen Mengen geschluckt kann Kieselgur zu Nierensteinen führen. Ich würde es daher eher auf Flöhe streuen und diese anschließend nicht verspeisen. Apropos verspeisen: In alternativer **Zahnpasta** findet sich Kieselgur mitunter auch als Putzkörper.

Kieselgur kennen manche als **weiße Kügelchen** eingepackt in kleine Päckchen, um Feuchtigkeit in Elektrogeräten zu binden. Auch Kieselgur zu Kügelchen gepresst behält seine wasseranziehende Eigenschaft.

Selbstversuch: Wer sich ein Häufchen Kieselgur auf die Haut setzt und etwas verreibt, der wird merken wie das Pulver sich wie von Geisterhand in jede Pore verteilt und dabei die ganze Haut rings herum mit einem dünnen Film überzieht. Bei Insekten ist das nicht anders, nur das sie aufgrund ihrer Größe recht schnell Kieselgur am ganzen Körper haben. Verzweifelt werden sie versuchen, mit ihren Beinchen Kieselgur abzustreifen. Dadurch verteilen sie es noch mehr. Das einzige Glück, das sie nun haben könnten, wäre in einen Regen zu geraten, denn nur Wasser wird sie noch retten können.

Machen nehmen Niem und Kieselgur auch für die **(Bio-)Mülltonnen**, um den Befall mit Fruchtfliegen oder Fliegen zu unterbinden. Einfach etwas Zeitungspapier mit Niem einsprühen und den Biomüll darin einwickeln, dann noch eine Schicht Kieselgur auf die oberste Lage in die Tonne geben und Maden aller Arten haben es schwer. Ein Garant für Fliegenfreiheit ist das in schwül-heißen

Sommern nicht, aber die Plage lässt deutlich nach. Doch auch hier gilt: Wenn man auf Insektizide verzichten kann, sollte man es tun, einfach um keine Resistenzen zu fördern und auch der einheimischen Insektenwelt nicht weiter zu schaden. Deutschland hat schon jetzt ein massives Problem mit Insektensterben - die Flöhe sind davon leider bisher ausgenommen.

Mechanische Möglichkeiten und Unterstützungen

Putzen, putzen und noch mehr putzen, so oder ähnlich könnte das effektivste, rein mechanische Vorgehen gegen Flöhe beschrieben werden. Da es aber unterschiedliche Methoden und Gerätschaften zum großen Reinemachen gibt, sollen die wichtigsten bezüglich ihrer Wirksamkeit auf Flöhe kurz beleuchtet werden.

Bevor ein seelischer oder körperlicher Kollaps droht: Es gibt jede Menge Möglichkeiten, Teile der Aufgaben, die nun anstehen, auszulagern oder auf einfachere Weise als sonst zu tätigen.

Putzfrauen sind wahre Engel! Es ist gut sich für die nächsten vier bis acht Wochen beim Putzen Hilfe zu holen und eine Putzfrau z. B. für das Absaugen des Sofas zu engagieren. Hier ist jeder selbst gefragt, welche Hausaufgaben an die Putzhilfe abgegeben werden sollen. Zur Not lässt man sie für die nächsten zwei bis vier Wochen täglich kommen. Sicher lässt sich dann auch ein vernünftiger Preis aushandeln.

Das Bügeln/Mangeln kann ein Bügelshop übernehmen.

Das Bewältigen der Wäscheberge kann an eine Wäscherei abgegeben werden. Manche haben sogar einen Hol- und Bringdienst.

Ein Fensterputzer darf einmal im Monat professionell die Fenster reinigen, nicht weil daran Flöhe hängen, sondern weil es ebenfalls eine Aufgabe ist, die man während der Flohbeseitigung nicht auch noch selbst machen muss. Und durch saubere Fenster strahlt die Sonne gleich viel schöner und das hebt die ohnehin angeschlagene Laune.

Leihen Sie sich so viele hilfreiche Geräte beim Baumarkt/Geräteverleih aus wie möglich, etwa ein Industriestaubsauger, einen leistungsfähigen Dampfreiniger oder ein Teppich-/Polsterreinigungsgerät. Vieles geht mit professionellen Geräten viel einfacher und schneller als mit einem Putzlappen und einer Bürste.

Das alles ist sein Geld wert, denn die Flohbekämpfung wird giftfreier als mit einem Fogger und günstiger als mit einem konventionellen Kammerjäger. Und sauber ist die Wohnung hinterher auch. Jahresputz.

Staubsauger

Ein Lob auf den Erfinder des Staubsaugers. Dieses Gerät hat mehr Leben getötet, als uns das bewusst ist. Wie viele Ameisen, Milben, Käferchen und Spinnen in deutschen Haushalten damit täglich eingesaugt werden, will ich gar nicht wissen. Der Staubsauger macht auch vor Flöhen nicht halt und das lässt mich mit einem boshaften Lachen über den Boden schauen....

Der Staubsauger war eines meiner wichtigstes Mittel im Kampf gegen die Flöhe. Ich habe damit alles abgesaugt. Alles. Anfangs wirklich alles, von der Deckenleuchte bis in die Fußleisten. Nach einer Woche mit gut fünf Stunden Staubsaugen am Tag musste ich deutlich reduzieren. Nicht nur das der Lärm des Staubsaugers meine Kinder und mich schon gewaltig nervte, nein, auch mein Rücken kündigte einen nahenden Hexenschuss an. Ich "reduzierte". Anfangs von dreimal täglich saugen, auf zweimal täglich, dann nur noch saugen vom Fußboden bis in Kniehöhe, dafür aber täglich. Nach drei Wochen wurden daraus zweimal täglich. Ich war am Ende meiner Kräfte. Zu diesem Zeitpunkt hatten wir noch keinen Staubsaugerroboter, immer noch Stiche und ich griff endlich zu Niem und Kieselgur. Kieselgur hat den Vorteil, dass es einige Tage liegen bleiben muss, bis möglichst viele Flöhe durch die dehydrierende Schicht aus Diatomeenstaub marschiert sind. Mein Rücken dankte es. Der Schreibtisch musste nicht gerückt werden. Meine Nerven wurden jedoch auf eine Zerreißprobe gestellt. Wenn ich Kieselgur an den richtigen Stellen ausgebracht hatte, würde jeder Floh binnen einer Woche sterben. Sie taten es. Niem hielt die Brut in Schacht, Kieselgur raffte die Elterntiere dahin. Nach fünf Tagen hatte ich jedoch eine eigenartige Sehnsucht auch die behandelten Stellen zu saugen. Nicht überall zu saugen kam mir seltsam vor. Kieselgur saugte ich weg und erneuerte das „Mini-Bollwerk" aus Diatomeenstaub an der

Schrankkante sofort wieder. Hier und in den Fußleisten blieb es nun für einige Wochen liegen. Kieselgur verstopft als Feinstaub den Staubsaugerfilter. Ich erneuerte den HEPA-Filter im Staubsauger, tauschte den Beutel aus und wischte den Staubsauger feucht ab. Danach saugte ich weitere zwei Wochen wieder täglich, aber in meiner gewohnten Weise, also nicht mehr in den allerkleinsten Winkeln. Dort lag nun ohnehin frisches Kieselgur. Nach acht Wochen Staubsaugen erklärte ich die Wohnung offiziell für flohfrei. Stiche hatten wir seit vier Wochen keine mehr. Diese sanken fünf Tage nach dem Ausbringen von Kieselgur auf null. Mein Staubsauger hat einen Orden verdient. Er funktioniert trotz Dauereinsatz, Höchstleistung und diversen Kieselgurattacken auf sein Innerstes einwandfrei. Heute ist er zwölf Jahre alt und der beste Flohkiller, den ich kenne.

Allerdings benötigt der **Staubsaugerbeutel** eine fachgerechte Behandlung. Darin befinden sich hoffentlich nach jedem Saugvorgang eine Unmenge an Flohlarven und Floheier. Beide sind mit bloßem Auge kaum zu sehen, schon gar nicht im Gewirr des Hausstaubs. Doch das heißt nicht, dass sie nicht da sind. Flohlarven ernähren sich genau von den Partikeln, die im Staubsaugerbeutel reichlich vorhanden sind: organische, winzig kleine Bestandteile. Sie werden also ins Paradies gesaugt und entwickeln sich bei Wärme und Erschütterung auch munter weiter. Einzig die Trockenheit könnte ihnen zu schaffen machen, denn diese mögen sie gar nicht, doch ist anzunehmen, dass sich trotzdem im Staubsaugerbeutel genügend Feuchtigkeit befindet, um wenigstens einen Teil der Larven eine Lebensgrundlage zu bieten. Auch Floheier werden im Staubsauger nicht geschreddert. Aus ihnen werden die wurmförmigen Larven schlüpfen und sich im El Dorado des Staubsaugerbeutels prächtig entwickeln. Auch eingesaugte Puppen überleben den Staubsauger, denn sie sind sehr widerstandsfähig. Es ist also nicht unwahrscheinlich, dass die Flöhe eines Tages den Weg aus dem Staubsauger finden und dann im Besenschrank herumhüpfen.

Was tun? Man kann den Staubsaugerbeutel nach jedem Saugen austauschen (dafür fest verschlossen eintüten und im Restmüll entsorgen, sonst hüpfen Ihnen bei jedem Mülltonnenbesuch die Flöhe aus der Mülltonne wieder entgehen), aber das geht mächtig ins Geld. Gut, dass es die Tiefkühltruhe gibt. Der Staubsaugerbeutel wird nach dem Saugen ebenfalls entnommen und eingetütet (schon allein aus hygienischen Gründen). Dann kommt er ins Tiefkühlfach. Hier sterben zwar die meisten Eier, Larven und Flöhe bei mindestens minus 18 °C zwar ab, aber vor allem die Flohpuppen sind mitunter sehr hartnäckig. Wichtiger ist, dass im Tiefkühlfach die Entwicklung der Flöhe wortwörtlich auf Eis gelegt wird.

Auf diese Weise kann man beim nächsten Saugen den Beutel wieder in den Staubsauger einsetzten und so relativ gefahrlos und preisgünstig trotz Flöhen mehrfach verwenden, bis man ihn dann doch entsorgt. Im eisigen Winter kann man die Beutel auch eingetütet auf dem Balkon lagern, allerdings wirklich nur bei sibirischen Temperaturen.

Kaum ein erwachsener Floh kann Minusgrade länger als ein paar Minuten überleben. Flöhe findet man daher entweder auf ihren Wirtstieren selbst, oder aber in Nestern bzw. Schlafplätzen der Wirtstiere oder an Orten, an denen es auch im Winter einigermaßen warm bleibt, etwa dem Komposthaufen, in Scheunen, Autos oder in Ställen.

Wie man den Staubsaugerbeutel behandelt

Und nochmal: Kälte tötet nicht alle Flöhe, Puppen, Larven und Eier! Jedenfalls nicht zuverlässig. Auch nach drei Tagen bei minus 18 °C Celsius kann ein Floh mitunter aus seiner Kältestarre erwachen und wieder piesackend am Leben teilnehmen. Viele Exemplare werden das Tiefkühlen zwar nicht überleben, aber es reicht eine befruchtete Kandidatin, um den Flohzirkus von vorn beginnen zu lassen. Also kann ich Tiefkühlen nicht als sichere Methode zur Beseitigung von Flöhen propagieren. Das ist anders als bei Kopfläusen, die nach zwei Tagen in der Tiefkühltruhe alle abgestorben sind.

Dennoch kann man sich das Gefrierfach zunutze machen und damit vor allem eines: Geld sparen! Theoretisch müsste man nämlich nach jedem Saugen den Staubsaugerbeutel möglichst weit weg vom Haus entsorgen, damit die darin befindlichen Flohstadien nicht einfach aus dem Staubsaugerbeutel krabbeln. Nur: Das kostet! Je nach Staubsaugerfabrikat ist so ein neues Pack Beutel nicht gerade günstig. Deshalb kann man die Beutel nach jedem Saugvorgang vorsichtig aus dem Staubsauger entnehmen, in einer Plastiktüte einknoten (sehr praktisch für den Dauergebrauch der nächsten Tage und Wochen sind Beutel mit Zipp-Verschluss) und tiefkühlen. Muss man wieder saugen, einfach den gefrorenen Beutel in den Staubsauger einlegen und wie gewohnt benutzen, danach unmittelbar zurück ins Gefrierfach. Wer Platz hat, kann volle Staubsaugerbeutel im Gefrierschrank lagern, bis zu dem Tag, an dem die Müllabfuhr die Restmülltonnen entsorgt. Dann kommen die Beutel in eine große Tüte, die man fest zuknotet und ab damit in die Tonne. Zipp-Beutel sind zu teuer und zu schade zum Wegwerfen. Diese lassen sich einfach auswaschen, trocknen und weiterverwenden.

Warum die Staubsaugerbeutel noch mal eintüten, wenn sie eh abgeholt werden? Denken Sie ein wenig an die Mitarbeiter der Müllabfuhr. Die machen ohnehin einen harten Job, den gewiss keiner von uns freiwillig machen würde. Da muss man sie auch nicht noch unnötig mit Flöhen belasten, die dann mit dem Müllwagen durch die ganze Stadt gefahren werden...

Ob Sie Ihre Tiefkühltruhe dafür nutzen möchten, bleibt Ihnen überlassen. Ein schöner Anblick ist so ein eingetüteter Beutel im Gefrierschrank nicht, aber Sie können sich ja auch eine hübsche Umverpackung für das Tiefkühlfach mit den Staubsaugerbeuteln basteln.

Wer seinen Staubsaugerbeutel nicht tiefkühlen möchte, kann einen Teelöffel Kieselgur in den Staubsaugerbeutel geben. Allerdings leidet darunter der Staubsauger, wenn man das jeden Tag über mehrere Wochen hinweg macht. Davon abgesehen nimmt die Saugleistung extrem schnell ab, weil der Staubsaugerbeutel verstopft. Und: Kieselgur ist kein sofort wirksames Mittel. Es pudert frisch geschlüpfte junge Flöhe mit einer tödlichen Staubschicht ein, diese braucht aber mehrere Tage Einwirkzeit, bis die Flöhe verenden. Es kann also sein, dass man vereinzelt wieder Flöhe herumspringen sieht, die sich aus dem Staubsaugerrohr ihren Weg in die Freiheit gebahnt haben. Wie fortpflanzungsfähig solche Tiere sind, kann ich nicht sagen. Wenn die Umgebung mit Niem behandelt wurde, haben aber selbst unter diesen Bedingungen abgeworfene Floheier keine Chance.

Leider ist Kieselgur so stark hygroskopisch, dass es in der warmen Staubsaugerluft recht schnell Feuchtigkeit aufnehmen wird und somit auch unwirksam wird. Daher ist es wirklich nötig, täglich frisches Kieselgur einzusaugen, wenn man diese Methode nutzen möchte.

Durch das hygroskopische Pulver verklebt der Staubsaugerbeutel und verstopft der Filter und beides muss früher ausgetauscht werden. Auch kann dies zum Überhitzen des Motors führen, weil dieser die Saugleistung anpasst, was auf Dauer dazu führt, dass der Staubsauger Schaden nimmt. Deshalb sollte bei einer Kieselgurbehandlung der Beutel nur für die nächsten zwei- bis dreimal Staubsaugen im Staubsauger verbleiben und spätestens dann ausgetauscht werden. Kieselgur ist als hygroskopischer Feinstaub langfristig der Tod eines jeden Staubsaugers. Da es aber hier um Flöhe geht, kann man auf eigene Gefahr und mit Bedacht den Staubsauger diesbezüglich wenigstens kurzzeitig mit Kieselgur in Kontakt bringen. Qualitätsgeräte sollten einer solchen kurzzeitigen Belastung mit eingesaugtem Kieselgur standhalten können. Wenn nach dem akuten Flohbefall der Staubsauger gereinigt wird (Beutel- und Filter-Wechsel, Gerät ausblasen), läuft er immer noch anstandslos viele Jahre lang.

Auch Flohhalsbänder, die man in kleine Stücke geschnitten hat und in den Beutel gibt, helfen nicht sicher gegen eingesaugte Flöhe. Das hat zu tun mit

- Resistenzen der Flöhe gegen bestimmte Anti-Flohmittel.

- ihrem Wirkstoff, der in Flohhalsbändern mitunter nur auf Abwehrstoff ausgelegt ist, die Flöhe also lediglich abschreckt, aber nicht tötet.

- ihren Inhaltsstoffen, die zum Teil eher eine langfristige Wirkung haben, also die Flöhe mitunter erst im Laufe von Tagen abtöten.

der Haltbarkeit der Inhaltsstoffe, da Permethrin unter UV-Einwirkung abgebaut werden kann und man nicht weiß, wie lange das Halsband dem Licht ausgesetzt wurde.

Kurz: Es hängt also sowohl von den Flöhen als auch von den Halsbändern ab.

Einen nicht ganz baubiologischen Tipp, der aber hilfreich ist, wenn man schon eine Pestiziddose zu Hause hat: Die Staubsaugerbeutel auf den Balkon tragen und in die Öffnung einen Sprühstoß Insektenmittel sprühen. Ich schreibe das deshalb, weil viele Menschen, die mich anschreiben, mir mitteilen, dass sie so ein Mittel ohnehin zu Hause haben, sich aber zurecht scheuen, damit die ganze Wohnung einzunebeln. Wenn auch Sie eine solche Dose bereits haben, dann ist das Einsprühen des Staubsaugerbeutels eine der wenigen punktuellen Einsatzmöglichkeiten, wo Sie sehr schnell, sehr effektiv sehr viele Flöhe beseitigen können. Beim Einsaugen landen viele Flöhe und diverse Entwicklungsstadien im Beutel. Und bevor die Frage auftaucht: ja beim Saugen wird immer auch ein Teil des eingesprühten Gifts wieder durch den Staubsauger in die Raumluft der Wohnung befördern, weshalb man - was man aber ohnehin machen sollte - nach jedem Saugen die Wohnung gründlich lüften sollten. Wenn aber im Freien nur ein kurzer Sprühstoß in den Beutel eingebracht wird und nicht die halbe Dose, dann hält sich die Belastung der Raumluft in Grenzen. Lagern Sie den Staubsaugerbeutel verschlossen in einer Tüte auf der Terrasse. Wenn Sie dies alles berücksichtigen, keine Chemikaliensensibilität haben und auch sonst gesund sind, kann ich als Baubiologe für die Akutphase eines Flohbefalls beide Augen zudrücken. Doch sollte der Griff zum Gift wirklich die Ausnahme bleiben, denn wie bereits beschrieben, wirken Permethrin und Pyrethrum als Allround-Pestizid, töten also wirklich jedes Insekt von der Biene bis zum Schmetterling und sind darüber hinaus ins Wasser gelangend, auch für Wasserorganismen tödlich und für den Menschen nicht ungefährlich.

Auch kann man den Staubsaugerbeutel vor dem ersten Saugen außen und innen mit Niem einsprühen. Das sorgt wenigstens die ersten Male des Staubsaugens dafür, dass die Flöhe und ihre Brut mit einem biologischen Insektizid in Kontakt kommen. Die Tüten, in denen die Staubsaugerbeutel eingefroren werden, lassen sich ebenfalls vor dem Zuknoten innen mit einem Sprühstoß Niem eingenebelt - einfach, um selbst etwas beruhigter zu sein.

Handeln Sie so viel wie möglich und so wenig wie nötig. Man neigt bei einem Flohbefall schnell zu Übereifer und sicher macht man mehr Handgriffe als nötig wären. Daher kann ich nur den Tipp geben, sich selbst nicht zu vergessen. Schaffen Sie sich **Ruheinseln**, Zeiten, in denen Sie so gut es unter diesen Umständen geht, Entspannung finden. Bei einem akuten Flohbefall ist das Beste, das Sie tun können, ein Schwimmbad- oder Sauna-Besuch. Flöhe hassen beides.

Staubsaugerroboter und worauf man beim Kauf achten sollte

Ein Segen für jeden Flohgeplagten, der keine Kraft, Zeit oder Nerven mehr für das tägliche Saugen findet, sind Staubsaugerroboter. Die Modelle haben sich in den letzten Jahren stark weiterentwickelt und sind sehr leistungsfähig geworden. Die meisten von ihnen haben eine Laufzeit von ca. 90 Minuten. In dieser Zeit werden sie problemlos mit einer 80-100 Quadratmeter Wohnung fertig, vorausgesetzt es stellen sich ihnen nicht zu viele Hindernisse in den Weg. Es scheint große Unterschiede zu geben, wie Saugroboter mit Teppichläufern und Teppichboden umgehen. Prinzipiell kann ich jedem nur raten Läufer während eines Flohbefalls mit Niem einzusprühen, in einen Sack zu stecken, in diesem zusätzlich Kieselgur zu geben, zubinden, durchzuschütteln und für mindestens vier Wochen irgendwo einzulagern. Alternativ in schwarze Säcke packen, zubinden und in die Sonne legen. Die Temperaturen im Sack sollten über den Tag mindestens 70 °C erreichen. Am besten den Sack in der Mittagshitze mehrfach wenden. Doch zurück zu den Staubsauerrobotern.

Beim Kauf eines solchen Gerätes sollten Sie folgende Punkte beachten:

- Teppichboden und Läufer

- Zweitgeräte für Etagen

- Akku-Ladezeit

- Folgekosten für Filter und eventuell Beutel

- Einfacher Kassetten-Wechsel und Reinigung

- Durchsichtige Kassette

- Höhe des Gerätes

Prinzipiell wurden Saugroboter für glatte Oberflächen konzipiert, daher beinhalten einige die Option, den Boden zu wischen.

Mittlerweile gibt es auch Geräte, die mit kurzflorigem (!) **Teppich** zurechtkommen. Hier sollten Sie gegebenenfalls beim Hersteller explizit nachfragen.

Teppichkanten stellen für manchen Saugroboter ein unüberwindbares Hindernis dar, wobei kleinere Kanten von wenigen Millimetern Höhe meist problemlos überwunden werden. Wirkliche Probleme machen den Saugrobotern lange Fransen, weil diese eingesaugt werden oder den Bürstenmechanismus blockieren.

Auf zu langflorigen Teppichböden hat der Roboter zu wenig Bodenkontakt für die Bewegungsrollen und bleibt liegen.

Es lässt sich also zusammenfassen, dass solche Staubsaugerroboter hervorragend in Wohnungen funktionieren, die keine oder nur wenige kurzflorige Teppichbereiche und einen möglichst ebenen Boden ohne Teppichkanten oder Türschwellen haben.

Bei Türschwellen hat man die Option, den Saugroboter z. B. alle 30 Minuten per Hand in ein neues Zimmer zu setzen. Dieses Umsetzen ist auch nötig, wenn man mehrere Etagen bedienen muss aber nur ein Gerät hat. Die Roboter haben mittlerweile alle eine Treppenerkennungsfunktion, sodass man sich nicht sorgen muss, dass der Staubsaugerroboter blind die Treppe herunterfällt und kaputt geht. Für ein Haus mit mehreren Etagen sollte man für **jede Etage ein eigenes Gerät** einzusetzen, was gerade bei einem Flohbefall das Risiko minimiert, Flöhe in eine noch unbefallene Etage zu bringen.

Die Dauer der **Akkuladezeiten** ist bei einem Flohbefall ebenfalls wichtig. Je schneller das Gerät geladen ist, desto schneller ist es wieder einsatzbereit. Die meisten Geräte haben eine Ladezeit von drei Stunden. Damit kann man den Saugroboter wenigstens zweimal pro Tag durch die Wohnung schicken (90 Minuten Laufzeit plus drei Stunden Ladezeit plus 90 Minuten Laufzeit und nochmal drei Stunden Ladezeit). Länger sollten Akkuladezeiten deshalb nicht sein.

Wer tagsüber berufstätig und nicht zu Hause ist, dem werden eine Vielzahl von (sehr teuren,) vollumfänglich programmierbaren Modellen angeboten, die sich für einen 24/7-Alltag programmieren lassen. Man könnte annehmen, dass man damit keinerlei Sorgen mehr mit dem Saugen hat, doch diese Annahme ist falsch. Die Saugroboter sind neben dem Hängenbleiben an Kabeln oder Schnürsenkel, die man nicht weggeräumt hat, sehr wartungsintensiv, weshalb eine umfangreiche Programmierung eigentlich überhaupt nicht nötig ist. Man hat das Gerät ohnehin häufiger in der Hand, gerade bei einem Flohbefall. Besser ist es daher, sich erst einmal ein etwas günstigeres Modell zu kaufen, damit Erfahrungen zu sammeln und sich stattdessen während der Flohbekämpfungsphase mehr **Ersatzteile wie Filter** anzuschaffen. Geht das Gerät kaputt, kann man es immer noch mit einem höherpreisigen Gerät erneuern, dass den dann flohfreien Haushalt saugt.

Relevant ist das **Fassungsvermögen der Saugerkassetten!** Unter normalen Umständen sind größere Staubkassetten sinnvoll, da diese die Wartungsarbeit reduzieren. Doch wer einen Flohhaushalt saugt, der sollte das larven-, ei- und flohkontaminierte Material möglichst oft und schnell aus der Wohnung befördern können. Viele günstige Geräte haben ein Kassettenvolumen von 0,3 Liter, größere fassen etwa das doppelte. Im Falle eines Flohbefalls reicht ein 0,3 Liter Volumen, da man die Kassette mehrfach reinigen sollten. Im besten Fall ist diese **durchsichtig**. Bei einem kurzen Probesaugen kann man in den Kassetten so mitunter Flöhe finden. Meist hängen diese aber je nach Bauweise im Vorfilter.

Es gibt Staubsaugroboter mit und ohne Beutel. Das ist ein wenig Geschmackssache. Im Falle eines Flohbefalls ist bei den Staubsaugerrobotern ein beutelloses Gerät mit Kassette besser und günstiger. Hier lässt sich die Kassette meist einfach auswaschen.

Bewährt hat sich folgendes **Vorgehen**: Lassen Sie den Staubsaugerroboter pro Raum saugen, z. B. 30 Minuten. Dann reinigen Sie den Inhalt der Kassette, indem Sie diese in einer Tüte ausklopfen, in die Sie zuvor etwas Kieselgur gegeben haben. Vergessen Sie nicht auch den Vorfilter auszuklopfen, denn an ihm werden sich die meisten Flöhe befinden! Die Tüte sofort verschließen und durchschütteln, damit die darin befindlichen Flöhe alle mit Kieselgur in Kontakt kommen. Dann können Sie die Kassette ausspülen, trocknen und mit einer Messerspitze Kieselgur befüllen und den Vorfilter mit Niem einsprühen. Danach setzten Sie den Saugroboter in den nächsten Raum. Dieses Vorgehen ist gerade am Anfang der Bekämpfung zu empfehlen. Klopft man die Kassette z. B. in einen Klarsichtbeutel aus, lässt sich auf diese Weise bequem nach erwachsenen Flöhen suchen. So hat man im besten Fall schnell den Raum ausfindig gemacht, in dem die meisten Flöhe herumspringen. Auch zur **Artbestimmung** lassen sich mit dieser Methode die Tiere fangen: Die Beutel einfach ein bis zwei Wochen liegen lassen, dann sollten darin alle Tiere dank Kieselgur gestorben sein und lassen sich gefahrlos entnehmen und einschicken. Bei normalen Staubsaugern mit Beutel ist das nicht so einfach möglich. Das Handhaben mit Kassette und Tüte klingt zwar im ersten Moment etwas umständlich, doch spart man sich dadurch das Tiefkühlen eines großen Staubsaugerbeutels, sofern man nicht nach jedem Saugen einen neuen Beutel einsetzen möchte oder kann.

Kein Floh im Staubsaugerinhalt? Macht nichts. Besser Sie finden keinen als ganz viele, denn das ist immer ein Zeichen dafür, dass der Befall nicht groß ist und das ist doch etwas Gutes.

Wichtig für die Auswahl Ihres Gerätes - und daher kann kein Modell von vorne herein empfohlen werden - ist die **Höhe**! In nahezu jedem Haushalt gibt es Bereiche, in denen nicht wirklich gern und gründlich gesaugt wird. Das kann unter dem Sofa sein, unter einem Schrank mit kurzen Beinen oder unter dem Bett - eben überall dort, wo der Staubsauger nicht gut hinkommt oder man sich nur mit Mühe einen Weg bahnen kann. Im Floh-Akut-Fall muss der Hausherr oder die Hausfrau überall saugen, und das nicht nur einmal am Tag. Über zwei Wochen hinweg ist das ein Kraftakt. Daher ist es sinnvoll, mit einem Lineal die Höhen dieser Möbel auszumessen und sich einen Staubsaugerroboter auszusuchen, der um mindestens einen Zentimeter niedriger ist. Auf diese Weise kann Ihre technische Haushaltshilfe auch in solchen Bereichen problemlos saugen. Sollte ein Möbelstück eine dennoch ungeeignete Höhe aufweisen, lassen sich manche Möbel auch "aufbocken", indem man z. B. Bett oder Schreibtisch auf Korkfüße stellt und so etwas Höhe dazugewinnen kann.

Lassen Sie sich bei der Auswahl Ihres Geräts Zeit. Im Zweifelsfall entscheiden Sie sich für das günstigere Model, sammeln damit erst einmal Erfahrungen und tauschen diesen Staubsaugerroboter dann gegen ein besseres Model aus, wenn das Altgerät kaputt ist. Es ist günstiger als jede Haushaltshilfe und es erspart mühevolles tägliches Saugen. Ein unermüdlicher "Kammerjäger" ist es auch.

Wasser

Flöhe können nicht schwimmen und tauchen schon gar nicht. Damit ist Ertränken eine der effektivsten und einfachsten Methoden, Flöhe zu töten. Binnen weniger Augenblicke sterben sie, vorausgesetzt sie sind vollständig unter Wasser. Deswegen sinken sie in einer wassergefüllten, mit einem Tropfen Spülmittel verrührten, selbst gebauten Flohlichtfalle auf den Grund der Schüssel. Tod. Das Ertrinken von Flöhen lässt sich auf vielfältigem Wege nutzen.

Einweichen und Schwimmbadbesuche

Unsere Großeltern haben es oft getan: Wäsche einweichen. Gut, überwiegend haben sie die Wäsche in einem Eimer eingeweicht, damit sich die Flecken auf dem Waschbrett leichter lösen ließen. Doch auch die Flöhe in der Kleidung sind dabei ertrunken.

Im Schwimmbad

Ein Besuch im Schwimmbad mit einer regelmäßigen Tauchrunde ohne Badekappe kann wie ein Tauchbad in der heimischen Wanne, zur Massenvernichtungsaktion für Flöhe werden. Natürlich sollte man Vorkehrungen treffen, wenn man wieder aus der Wanne oder dem Schwimmbad steigt. Eine dieser Vorkehrungen besteht darin, sich zwei Zipp-Beutel zurechtzulegen, welche groß genug sind, darin Kleidung zu verstauen. In einem Beutel sprüht man als Repellent (abstoßendes Mittel) etwas Niem. Dort hinein packt man frisch gewaschene Wäsche und zippt den Beutel zu. Da wird kein Floh freiwillig hinein gehen. Den anderen benötigt man, beim Umziehen vor dem Schwimmbad. Darin verstaut man die Wäsche, die man auszieht, bevor man in die Badesachen schlüpft. Flöhe, die eventuell im Hosenbein stecken, werden in die Tüte eingesperrt und hüpfen nicht im Spind herum oder in die Nachbarkabine. Natürlich kann man es nie ganz vermeiden, dass ein Floh entkommt, aber wer weiß schon, woher der eigene Floh stammt?

Zu Hause packt man die gebrauchte Wäsche aus dem Zipp-Beutel sofort in die Waschmaschine oder - wer auf Nummer sicher gehen will, der öffnet den Zipp-Beutel direkt in einer wassergefüllten Wanne und flutet ihn somit unmittelbar. Die Kleidung sollte dabei gründlich durchgeknetet werden. Nach ein paar Minuten kann man das Wasser abfließen lassen und die Sachen in die Waschmaschine einmal durchspülen.

Hundeshampoo

Manche Menschen geben ins Einweichwasser ein paar Tropfen Flohshampoo, das es für Hunde gibt. Das ist für Kleidung nicht notwendig, denn anders als Hunde kann man diese tatsächlich über mehrere Minuten hinweg unter Wasser halten. Hunde können nicht vollständig länger als ein paar Sekunden untertauchen. Das Fell am Kopf der Vierbeiner wird unter Umständen nie bis zur Kopfhaut wirklich so durchnässt, sodass Flöhe dort ertrinken können. Also behilft man sich mit Bioziden im Hundeshampoo.

Stofftiere und Co.

Einweichen lassen sich oft auch Stofftiere, Schuhe, Decken und alle Gegenstände, die man nicht unbedingt heiß waschen kann. Um Floheier und Larven zu ertränken, ist es wichtig, die Dinge möglichst lange unter Wasser zu halten. Stunden oder gar Tage. Auf alle Fälle sollte dann dem Wasser etwas Niem beigefügt werden, die Gegenstände anschließend zumindest kurz in der Waschmaschine gespült werden und alles gründlich getrocknet werden, damit kein Nährboden für Schimmelpilze geschaffen wird. Leider habe ich bis zum Zeitpunkt dieses Buches keine Informationen darüber gefunden, wie lange der Zeitraum sein muss, um Larven, Eier oder gar Puppen durch Ertränken zu zerstören. Ich selbst hatte die Sofakissen zwei Tage im Wassereimer mit Niem und anschließend das Gefühl - und das ist leider auch nur ein Gefühl und keine wissenschaftlich bestätigte Tatsache - dass danach das Problem mit Flöhen aus dem Sofakissen beendet war. Hier gibt es noch Forschungsbedarf. Es ist schon erschreckend, dass, obwohl die Menschheit so lange mit Flöhen lebt, wir immer noch nicht alles über die Tiere zu wissen scheinen. Sollte hier jemand genaue Angaben haben, freue ich mich über Informationen.

Badewanne

Eines der wichtigsten Utensilien für den Ganzkörpereinsatz: die Badewanne. In ihr kann man vollständig untertauchen. Und genau darum geht es. Füllen Sie die Wanne mit Wasser, geben Sie etwas Detergens dazu, also etwas, das die Oberflächenspannung des Wassers bricht, etwa schäumender Badezusatz oder einfach ein paar Tropfen Spülmittel. Und dann springen Sie so schnell es Ihnen

möglich ist, in die Wanne und tauchen sofort vollständig ab.
Vollständig! Bis zur Haarspitze! In voller Bekleidung! Kein Witz. Nur
so erwischen Sie den Floh in Hemd und Hose. Machen Sie das jedes
Mal, wenn Sie das Gefühl haben, ein Floh befindet sich in Ihrer
Kleidung. Mit ein wenig Glück, Schnelligkeit und Geschickt, erwischen
Sie den Floh. Er ertrinkt und Sie sind ihn los. Teilweise gelingt es den
Biestern durch den Hosenbund, den Sweatshirtkragen oder die
Ärmelöffnung zu entkommen, manchmal schafft er es auch, sich
durch einen etwas gröber gewebten Stoff hindurch zu zwängen. Dann
kann es vorkommen, dass der Floh auf den Wannenrand springt und
Ihnen beim Baden in Kleidung lächelnd zuschaut. "Mistvieh!", oh ja,
ich habe das oft genug auch gedacht. Es sei auch Ihnen gestattet.
Doch irgendwann erwischen Sie ihn.

In der Badewanne können Sie die Kleider ausziehen und einmal
gut durchnässen. Wassersparend wird so ein Flohmonat, wenn Sie das
Badewasser einfach nach dem Tauchbad in der Wanne lassen und
die Wäsche bis zur nächsten Waschmaschinenladung direkt im
Badewasser sammeln. Wer weiß, vielleicht ertrinken dabei gleich noch
eine Handvoll Flöhe mit. Zu wünschen wäre es.

Die Badewanne war für mich während der vier Wochen Flohzeit
der wichtigste Ort. Auch den Rest meiner Familie konnte ich dazu
motivieren, bei Verdacht mal schnell in der Wanne abzutauchen.
Meine Kinder fanden das Baden mit Kleidung in höchstem Maße
unterhaltsam. "Guck mal, was sich da für lustige Luftblasen im Hemd
bilden." Die Luftblasen muss man vorsichtig herausdrücken, damit die
winzigen Flöhe nicht unter einer solchen unfreiwilligen Taucherglocke
überleben....

Waschmaschine

Die Waschmaschine ist im Dauereinsatz, wenn ein Flohbefall vorliegt. Überhaupt hat man das Gefühl, dass die Wäsche kein Ende nimmt. Aber mit der Zeit wird es wieder eine normale Wäsche, auch wenn einem dies in einem Flohbefall nicht so erscheint.

Grundsätzlich gilt:

- Je heißer gewaschen wird, desto tödlicher.

- Flöhe können nicht schwimmen.

Erwachsene Tiere und wahrscheinlich auch die Larven werden in der Waschmaschine egal bei welcher Temperatur ertrinken. Der Knackpunkt sind die Floheier und vor allem die Puppen! Wie lange diese im Wasser überlebensfähig sind, darüber habe ich leider keine Untersuchung gefunden. Was sie jedoch nicht überleben, ist Hitze. Dazu komme ich später noch. In der Waschmaschine sollte die Wäsche bei mindestens 60 °C gewaschen werden. Dann kann man relativ sicher sein, dass auch das Innere des Wäscheknäuels ausreichend erhitzt wurde.

Was muss gewaschen werden?

Immer wieder werde ich gefragt, was alles gewaschen werden muss. Im Prinzip alles. Betrachten Sie die Welt aus den Augen eines Flohs. Er hüpft herum und die Weibchen lassen ihre Eier da fallen, wo sie gerade sind. Sie bauen keine Nester! Einzig der Menschenfloh macht das, aber der ist in 99 % der Fälle nicht (mehr) der Übeltäter.

Also gehen wir vom Katzen- und Hundefloh aus. Dieser wird sich in erster Linie am Tier und an dessen Lieblingsplätzen aufhalten. Für Haustierbesitzer heißt das: Hundedecken und Katzenkörbchen waschen. Schläft das Tier am Fußende des Bettes, dann müssen sämtliche Decken und Bettbezüge gewaschen werden. Die Matratzen gehören täglich abgesaugt. Wer einen Dampfreiniger hat, kann diese auch abdampfen, muss im Anschluss aber die Matratze gründlich trocknen, sonst gedeihen dort binnen Tagen die Schimmelpilze und die sind weitaus schlimmer für die Gesundheit als Flöhe.

Wer mit Hund und Katze zusammenlebt, der muss bei Flohbefall seine Kleidung täglich wechseln und waschen. Oft kann es sogar sinnvoll sein, dies zweimal am Tag zu tun. So unangenehm das Thema ist: Flöhe halten sich gerne im Beinbereich bis zur Leistengegend aufwärts auf. Wer mal einen Floh in der Hose hatte, der sieht das plötzlich gar nicht mehr als so unwahrscheinlich an, sich zweimal täglich umzuziehen - oder sogar öfter. Das macht einen verrückt. Damit ist die Waschmaschine bei einer vierköpfigen Familie rund um die Uhr beschäftigt. Dazu kommen noch die Bettlaken und Bettbezüge, die im Zweitagestakt abgezogen und gewaschen werden müssen. Ein wenig Hotelatmosphäre kommt in den heimischen vier Wänden auf. Leider fühlt man sich nicht wie der Gast, sondern eher wie das Zimmermädchen, die Putzfrau und die Hotelwäscherei gleichzeitig.

Was muss sonst noch gewaschen werden? Ich kann nur empfehlen, alle Textilien, die vom Fußboden bis zur Kniehöhe gelagert wurden, wenigstens einmal vollständig zu waschen - zügig und so schnell es die Waschmaschine zulässt. Flöhe hüpfen gern in dunkle Winkel und die Larven und Eier sind so klein, dass man nicht sehen kann, wo der Floh überall seinen Nachwuchs abgelegt hat oder die Larven herumkriechen. Wer nicht so schnell waschen kann, für den erweisen sich die großen Zipp-Off-Beutel als praktisch. Wäsche rein, zuzippen und bis zum Waschen vor die Waschmaschine legen. Ist der Beutel leer, kann man ihn auswaschen und für neue Wäsche verwenden. Auf diese Weise kann man auch verhindern, dass bodennah gelagerte, frisch gewaschene Wäsche gleich wieder "angesprungen" wird. Und ja, theoretisch kann dies auf den Wäschetrockner auch passieren, aber da ist es dem Floh meist zu luftig, riecht zu duftig und überhaupt ist das nicht so sein Metier. Im dunklen Schrank mit ein wenig Staub, fühlen sich immerhin seine Larven wohl. Insofern kann man Wäsche vom Wäscheständer als relativ flohfrei betrachten und eintüten. Nach der Flohbekämpfung, wenn alles überstanden ist, kann man solche großen Acht-Liter-Zipp-Off-Beutel wunderbar beim nächsten Trekking-Urlaub einsetzen, denn in solchen Beuteln bleibt selbst im strömenden Regen die Wäsche im Rucksack wasserdicht verpackt.

Was sich nicht waschen lässt, kann nur mit Absaugen oder Abdampfen und Einsprühen mit Niemspray von Flöhen befreit werden. Ansonsten bleibt der Staubsauger die "Waffe" Nummer eins im Kampf gegen die Flöhe.

Niem-Waschmittel und Co.

Niem-Shampoos und Niem-Waschmittel sind insofern eine feine Sache, da Niem eine abstoßende Wirkung auf Flöhe hat, das heißt Haare oder Kleidung, Bettwäsche oder Polsterbezüge, die damit gewaschen wurden, sind unattraktiv für einen Neubefall. Und wenn ein Floh dennoch hier Eier ablegen will (in Kleiderschränken zum Beispiel), dann greift die entwicklungshemmende Wirkung dieses besonderen Insektizids.

Gibt es stoffbezogene Plätze, an denen Hund und Katze sich regelmäßig aufhalten oder entlanglaufen? Teppichläufer, Sofakissen, Gardinen in der Nähe des Schlafplatzes? Was in die Waschmaschine passt und gewaschen werden kann, sollte in die Waschmaschine. Gerade bei Stoffen, die man seltener wäscht, etwa Gardinen, kann man mit einem Niem-Waschmittel viel Gutes bewirken. Zum einen ist damit gewaschene Wäsche für alle Insekten (auch Motten, Mücken und Flöhe) uninteressant, zum anderen konnte ich beobachten, dass meine mit Niem gewaschenen Gardinen deutlich weniger Mücken in die Wohnung lassen. Im Kleiderschrank bleibt mit Niem gewaschene Wäsche auch von Kleidermotten verschont. Und letztlich: Sitzen im Spitzendessous Flohlarven, werden diese durch Niem am weiteren Entwickeln gehindert. Sie sterben, auch wenn die Waschtemperaturen bei Dessous Handwärme oft nicht übersteigen dürfen. Wäsche-Sagrotan® wirkt ähnlich, nur breitbandiger. Auch das tötet Flohlarven in Spitzenunterhöschen, zusammen mit allen möglichen Pilzen und Bakterien.

Teppichreinigungsgerät mit Niem-Shampoo

Gerade für Polstermöbel wie Sofas, Matratzen oder Teppiche lohnt sich der Versuch mit einem niemhaltigen Reinigungsmittel, das für Teppichreinigungsgeräte geeignet ist (oder ein paar Tropfen Niem-Essenz in das Teppichshampoo geben). Solche Geräte eignen sich für schwere Polstermöbel oder Teppiche. Gerade bei kurzflorigen Oberflächen kann man damit gute Resultate erzielen. Wirklich ertrinken werden die Flöhe nicht, aber durch das Shampoonieren kann es durchaus sein, dass sie in einzelnen Flüssigkeitstropfen den Tod finden. Das Niem wirkt auch hier auf alles, was sich im Teppich noch entwickeln könnte. Das gilt für Flöhe wie für Hausstaubmilben, denn Niem wirkt auch auf Spinnentiere.

Bei langflorigen Oberflächen sind die Erfolgsaussichten gegen Flöhe mit einem Teppichreinigungsgerät geringer. Bei Sofas und mobilen Teppichen lohnt es sich eine Fachfirma für Polsterreinigung zu beauftragen, die mit Spezialreinigungsgerät und großen Trockenkammern auch ein Sofa gut dekontaminieren kann. Bei Verlegeware mit großen und dichten Schlaufen ist die Flohbeseitigung oft ein Kampf gegen Windmühlen. Natürlich kann man versuchen, das Problem auch hier mit Shampoonieren in den Griff zu bekommen, aber es ist wohl sinnvoller in Wohnungsbereichen, in denen man sich häufig aufhält, den Teppich z. B. gegen einen Linoleumbelag zu tauschen. Es gibt kaum eine andere Wahl außer den Teppich mit Permethrin zu behandeln. Echte Wollteppiche werden ohnehin oft mit Pestiziden vorbehandelt, da man die Teppiche sonst ohne Mottenfraß nicht im Teppichlager lagern könnte. Billigangebote ergeben sich dann, wenn der Wirkstoff in den Teppichen nicht mehr den Schutz gegen Mottenfraß gewährleisten kann.

Hitze - vom Dampfreiniger über Ofen und Sauna bis zu Müllsäcken

Ja Müllsäcke! Warum und wie diese gegen Flöhe eingesetzt werden können, dazu gleich mehr. Zuerst ein kleiner Ausflug in die Biochemie.

Flöhe bestehen wie alle Lebewesen auch aus Proteinen. Proteine kennt man. Man isst sie zum Frühstück gekocht oder gebraten als Frühstücks- oder Rührei. Das Eiklar besteht aus rund elf Prozent Protein und das Eigelb immerhin aus 16 Prozent. Der Rest sind Vitamine, Mineralien und Ballaststoffe und reichlich Wasser. Im Eigelb kommen ferner Fette hinzu. Im Allgemeinen haben die meisten Menschen beim Begriff „Protein" ein Ei vor Augen. Jeder weiß, was mit dem Ei passiert, wenn man es kocht. Man darf sich ein wenig freuen, dass auch das Leben der Flöhe auf diesen Bestandteilen basiert. Ja, außer ihrer Chitinhülle funktionieren ihre winzigen Körper mit denselben Prinzipien der Natur, wie das im Ei sich entwickelnde Küken. Auch die Stoffwechselprozesse in einem Floh laufen über und mit Proteinen ab. Und wie das Ei in der Pfanne gerinnen, so gerinnen auch die Proteine in einem Floh bei ausreichender Hitze. Dabei spielt es keine Rolle, ob das ein ausgewachsener Floh, ein Ei oder eine Larve ist. Erhitzt man Proteine, auf über 42 °C, denaturieren Eiweiße: Ihre Struktur wird zerstört, sie funktionieren nicht mehr. Versagen. Tod.

Dampfreiniger

Flöhe lassen sich somit mit Hitze töten. Um sicherzugehen, empfehlen sich Temperaturen von über 70 °C Celsius. Zum einen, weil z. B. Dampfreiniger je nach Model diese Temperatur nur in einem relativ kleinen Bereich an der Dampfdüse halten können und man im Putzwahn doch dazu neigt, zu schnell durch die Wohnung zu brausen. Dabei bräuchte ein sinnvoller und gezielter Einsatz mit einem Dampfreiniger tatsächlich sehr viel Zeit und Muße. Zum anderen empfiehlt sich diese Temperatur, weil man nur einen kleinen Bereich in einer Ecke des Schrankes auf diese Temperatur erhitzen kann. Und wer nun denkt, dass er auch den Föhn dafür nutzen kann, dem sei gleich davon abgeraten! Der Föhn ist zur Bekämpfung von Flöhen völlig ungeeignet, weil er zu viel Staub aufwirbelt und die Eier und Larven dabei in alle Himmelsrichtungen verstreut, bevor sie gar sind. Infrarotlampen eignen sich hierfür bedingt, da die Temperaturen relativ rasch sehr hoch steigen, man damit aber auch nur eine Zimmerecke ausleuchten kann. Achtung, es besteht Brandgefahr, wenn sich die Oberflächen zu stark erhitzen!

Bei 70 °C ist auch dem hartnäckigsten Stadium im Lebenszyklus eines Flohs das Ende sicher: die Flohpuppen. Der Dampfreiniger hat, wie geschildert, nur einen relativ kleinen Wirkradius in einem für die Flohbekämpfung brauchbaren Temperaturbereich. Das Gerät müsste wirklich Bahn für Bahn immer um nur wenige Zentimeter versetzt z. B. über ein Sofa geleitet werden. Wen der Temperaturbereich seines Dampfreinigers interessiert, der kann sich im Baumarkt ein Infrarotthermometer kaufen, das die Oberflächentemperaturen des Dampfreinigers und der von ihm bedampften Flächen berührungslos misst. Auf diese Weise erhält man den Radius seines eigenen Dampfreinigers, der zur Flohbekämpfung geeignet ist. Es wäre schade, wenn ein solches Gerät scheinbar nichts taugt, weil man viel zu hektisch damit hantiert hat. Zu bedenken ist, dass die Hitze des Dampfreinigers je nach Beschaffenheit der Oberflächen, nicht wirklich in die Tiefe reicht. Einen kurzflorigen Teppich damit zu reinigen, ist wirkungsvoller als ein Sofa, das in ein bis zwei Zentimetern Polstertiefe schon wieder so kalt ist, dass Flohlarven in dieser Tiefe vom Dampf unbehelligt bleiben. Dennoch ist es sinnvoll, das Sofa ebenfalls abzudampfen, denn wer weiß, ob die Flohlarven tatsächlich so tief ins Polstermaterial hineinkriechen.

Ein weiteres Problem sind Holzböden, Laminate oder Zwischenböden. Holz reagiert auf Hitze mit Spannungsrissen und auf die feucht-heiße Luft des Dampfreinigers mit Quellungen. Die Kunststoffoberfläche von Laminat ist ebenfalls hitzeempfindlich (mehr oder weniger, je nach Hersteller, Verarbeitung und Aufbau). Beim Einsatz eines Dampfreinigers können Fugen aufquellen. Doch gerade dort sitzen oft die Flöhe, was den Einsatz an solchen Stellen zwangsweise intensiv, aber gleichzeitig unmöglich werden lässt. Ein Dilemma. Liegt unter einem Laminat ein kontaminierter, alter Teppichboden, hüpfen die Flöhe wahrscheinlich aus der Fußleiste. Auch hier ist ein Dampfreiniger nicht wirklich hilfreich, denn die Hitze dringt nicht unter das Laminat und lässt darüber hinaus die Laminatkante zur Trittschallfuge aufquellen und den Unterboden schlecht abtrocknen. In diesem Fall hilft es nur, Kieselgur in die Fuge zu streuen und die Trittschallfuge eine Zeit lang mit Klebeband abzukleben. Wenn dabei ein sehr stark haftendes Klebeband verwendet wird, bleiben Flöhe, die aus den Trittschallfugen springen, daran direkt hängen. Achtung: Beim Abnehmen des Klebebandes kann Tapete und Co. ebenfalls daran haften bleiben.

Doch prinzipiell lassen sich mit einem Dampfreiniger viele Flächen behandeln. In den größeren Baumärkte kann man sich ein gutes Gerät auch für eine einmalige Putzaktion leihen. Das ist mitunter sinnvoller, als sich eines zu kaufen, das anschließend Jahre ungenutzt in der Ecke steht. Kaufen Sie sich gleich ein Thermohygrometer dazu. Die Luftfeuchtigkeit in Ihrer Wohnung sollte nach zwei bis drei Tagen wieder unter 60 % relative Raumluftfeuchte fallen, sonst droht Schimmelpilzwachstum! Nach dem Einsatz eines Dampfreinigers also Sie immer kräftig und ausgiebig lüften und alle Oberflächen zügig abtrocknen lassen!

Das zügige Abtrocknen ist auch deshalb wichtig, da sich Flohlarven bei Luftfeuchtigkeit von 65 % bis 90 % optimal entwickeln.

Ein nicht ganz abgetrocknetes Sofa bietet damit neuen Flohlarven beste Bedingungen!

Backofen

Im Ofen können bei 70 °C kleinere Gegenstände auf eine für Flöhe tödliche Temperatur gebracht werden. Allerdings setzten Sie den Backofen, wie alle anderen Anregungen in diesem Buch auch, auf eigene Gefahr ein. Gegenstände, die den Temperaturen nicht gewachsen sind, gehörten auf keinen Fall in den Ofen! Synthetik ist hier mitunter sehr empfindlich. Geben Sie darauf acht, dass die Gegenstände nicht mit den Seitenwänden des Ofens in Kontakt kommen. Es besteht Brandgefahr!

Sauna

Grundsätzlich eignet sich die häusliche Sauna, sofern vorhanden, um größere Mengen Bettwäsche, Handtücher oder größere Gegenstände von Flöhen zu dekontaminieren, sofern sie die feuchtheißen Saunatemperaturen von 85 bis 95 °C unbeschadet überstehen. Gerne dürfen auch Sie sich einen Saunabesuch gönnen, einfach um sich selbst etwas Gutes zu tun und zur Ruhe zu kommen. Flohbekämpfung ist kräfte- und nervenzehrend. Denken Sie auch an sich!

Heißmangeln oder Dampfbügeln

Bettwäsche und Handtücher können Sie auch mangeln oder mangeln lassen. Beim Mangeln handelt es sich im Prinzip um einen Dampfbügelautomaten, der mit Heißdampf die Bettwäsche glättet. Das Dampfbügeleisen tut dasselbe, nur lässt sich mit einer Heißmangel die gleiche Arbeit sehr viel schneller erledigen als mit einem Bügeleisen. Auch Bügelstudios bieten mitunter das Mangeln von Bettwäsche an. Diese Arbeit eine Zeit lang auszulagern und seine Wäsche in Zeiten eines Flohbefalls von einem Bügelstudio dampfbügeln zu lassen, erleichtert die Arbeit im flohbefallenen Zuhause. Und dampfgebügelte, frische Bettwäsche gibt einem ein wirklich gutes Gefühl. Während des Flohbefalls sollten Sie solche Momente genießen und sich wenigstens ab und an ein solches Wohlgefühl gönnen.

Müllbeutel

Schwarz müssen sie sein und es muss Sommer sein, bei strahlendem Sonnenschein und möglichst hohen sommerlichen Temperaturen, dann werden Müllbeutel zum mobilen Backofen, in dem man für wenig Geld und mit wenig Aufwand sehr einfach Stofftiere und Schuhe, Kleider und andere Utensilien erhitzen kann. Dafür wird einfach der schwarze Müllsack z. B. mit den Teddys aus dem Kinderzimmer befüllt, ganz fest verschlossen (mit einem Knoten, oder Klippverschluss) und in die Sonne gelegt. In so einem schwarzen Müllsack klettern mittags die Temperaturen rasch auf deutlich über 60 °C. Der Sack sollte dabei regelmäßig z. B. alle 30 Minuten gewendet werden, damit die Hitze sich gleichmäßig verteilt und die

Flöhe, die (un-)heimliche Page

Flöhe sich nicht in kältere Bereiche, etwa an der Auflagefläche am Boden aufhalten. Wenn man den Müllsack anschließend wegräumen will, z. B. weil die Dinge in ihm ohnehin erst einmal nicht gebraucht werden, sollte man vor dem Sonnenbad etwas Niem in den Sack geben.

Ich hatte eine Anfrage einer im Iran lebenden Deutschen mit einem Textilwarenladen. Zentnerweise hat sie ihre Stoffe in Müllbeutel auf ihr Flachdach geschafft und nach drei Tagen waren alle Stoffe einmal für mehrere Stunden mittags in der Müllbeutelsauna und wurden in dieser Zeit auch mehrfach durchgeschüttelt. Die Beutel waren nicht vollgestopft, so dass die Hitze gut an die einzelnen Stoffe heran konnte. Während der Zeit, in der die Stoffe auf dem Dach in den Beuteln erhitzt wurden, putzte sie ihren Laden. Anschließend hat sie alles wieder einräumen und der Flohbefall war glücklicherweise damit auch vorüber. In den Müllbeuteln herrschen nach ihrer Aussage mitunter über 80 °C.

Sonne und Auto

Im Hochsommer können und sollten Sie bei einem Flohbefall das Auto in die pralle Sonne stellen. Das ist zwar kein Garant dafür, dass im Backofen auf vier Rädern jeder Floh getötet wird, aber wer schon mal ein Thermometer ins Auto gelegt hat, das in der Sonne steht, der weiß, dass es im Inneren keine wirkliche Freude macht, sich länger aufzuhalten. Zu den Flöhen im Auto gibt es ein eigenes Kapitel, daher sei hier nur kurz erwähnt, dass auch die sommerliche Hitze im Auto durchaus den Flohbefall dezimieren kann. Das Auto wird bei der Flohbeseitigung gern vergessen.

Flöhe im Garten

Naturnah gärtnern ist wichtig und richtig. Wir brauchen die Vielfalt und die kleinstrukturierten wildwüchsigen Bereiche in den Gärten, damit Insekten aller Art dort ein zu Hause finden. Biodiversität erhalten kann jeder. Wenn man vom Insektensterben spricht, dann denkt man überwiegend an Bienen und vielleicht noch an Schmetterlinge. Wenn die Schwalbenschwanzraupe an der Möhre und der Kohlweißling am Kohl nagt, ist das mit der Insektenfreundlichkeit vieler Landwirte und Hobbygärtner schon wieder vorbei. Da auch Flöhe zu den Insekten gehören, ebenso wie Mücken, Bremsen und Hirschlausfliegen, müsste der Insektenschutz streng genommen auch für diese Plagegeister gelten. Aber im Bett haben sie eben nichts verloren, daher ist eine Bekämpfung hier angebracht. Im Garten gehören sie tatsächlich zum ökologischen System und dienen z. B. Vögeln als Nahrung. Es ist nicht sinnvoll, tonnenweise Kieselgur im Garten zu streuen, da dies auch alle anderen Insekten tötet und hier sehr schnell zu feucht wird. Gegen Flöhe im Garten gibt es sinnvollere und gezieltere Maßnahmen wie die folgenden.

Der Komposthaufen-Check

Sehr oft finden sich Flöhe im oder auf dem Komposthaufen. Der Komposthaufen ist ein Drive-in, in dem es für alle Besucher Nahrung und Wärme im Überfluss gibt, vor allem dann, wenn der Komposthaufen nicht richtig aufgesetzt wurden und nicht genug Hitze erzeugt.

Wer meint, man schüttet einfach alles auf einen Haufen und den Rest tut die Natur, der irrt. Im Laufe der Zeit verrottet zwar das ganze Biogut im Haufen, aber viel zu langsam bei einer Temperatur, die keinen Floh etwas zuleide tut. Bevor Sie also einen solchen Haufen im Garten hüten, seien sie sich klar, dass Sie eines Tages mit großer Wahrscheinlichkeit irgendwann dort Flöhe haben, denn wenn Küchenreste und Kleintiermist nicht schnell genug verrotten, zieht der Geruch unweigerlich Mäuse und Ratten an. Diese stammen leider nicht aus einer gut gepflegten Tierhandlung, sondern laufen als Wildtiere herum und sind damit oft mit Parasiten wie Flöhen behaftet. Das gilt auch für die putzigen Igel, die fast alle unter Igelflöhen leiden.

Auch heute noch dienen Ratten den Flöhen als Taxi. Ob das nun Hunde - oder Katzenflöhe oder der selten gewordene Menschenfloh ist, spielt keine Rolle. Ratten transportieren sie alle. Wenn also Mäuse oder Ratten im Garten sind, ist ein Flohbefall wahrscheinlicher. Ratten sollten dringend bekämpft werden, vor allem wenn Flöhe ein Problem darstellen. Da das mitunter gar nicht so einfach ist, lohnt es sich, bei Ratten im Umfeld Kontakt mit der Stadtverwaltung aufzunehmen, gerade wenn z. B. Gewässer in der Nähe sind.

Wo Mäuse sind, sind Katzen nicht fern. Auch diese schleichen neugierig um den belebten Komposthaufen herum, in den es raschelt und kuschelt und der für sie Beute und Jagdtriebbefriedigung verspricht. Und weil es da so kuschelig warm ist, wälzen sich die Katzen mitunter auch gern auf dem Kompost, so reinlich sie auch sein mögen. Irgendeine Katze beimpft also den Komposthaufen mit einem Katzenfloh. Der verpasst sein "Taxi", nachdem er aus dem Fell herausgerieben wurde, und wartet auf dem Haufen auf den nächsten wandelnden Lebensraum. Der Kreis schließt sich mit der nächsten Katze.

Wenn es nicht die Katzen sind, so ist es in der Nacht der Fuchs, der ebenfalls von der Duftfahne des Haufens angelockt wird. Auch in Vorstadtgärten dringt Reineke ein. Er bringt als streunendes Wildtier ebenso Flöhe mit. Und so ist der Komposthaufen mitunter nicht nur ein Sammelplatz für Biomüll und Schnittgut, sondern auch für diverse Floharten.

Am leichtesten erkennt man, ob Flöhe auf dem Komposthaufen sind, wenn man ein wenig auf den Haufen klopft und die Tiere springen sieht. Will man sie direkt fangen, hilft ein Kartonstreifen, den man mit doppelseitigem Klebeband beklebt und die klebende Frontseite dicht über die Kompostoberfläche hält. Dann klopft man mit einem Stock gegen den Kompost. Alles was jetzt hochspringt, bleibt am Klebestreifen hängen und kann mit der Lupe bestimmt werden. Dann ist es auch möglich, die Klebefläche mit den Tieren mit einer durchsichtigen Folie zu bekleben und an ein Analyselabor zu schicken, das sich auf die Bestimmung von Schadinsekten und Parasiten spezialisiert hat. Dass die Insekten aufgeklebt sind, wird die Analyse etwas erschweren, aber ein Versuch kann sich lohnen.

Was kann man tun, wenn die Flöhe im Komposthaufen sitzen?

Den Kompost einwandfrei aufbauen heißt ihn mit der richtigen Zusammensetzung aufsetzen, sodass in seinem Innersten recht schnell Temperaturen von 60 °C erreicht werden. Der Fachmann nennt dies Heißrotte. Ist die Temperatur erreicht, setzt man den Kompost um, versucht also das Innerste nach außen und die äußerste Schicht nach innen zu bringen, im besten Fall setzt man ihn dazu ein paar Meter weiter neu auf. Auf diese Weise wird auch das Material, das außen lag, nun in die Heißrotte gebracht und Flohlarven und Eier werden abgetötet. Ein guter Kompost braucht gute Pflege, dann wird daraus auch keine Brutstätte für Flöhe. Da dies kein Gartenbuch ist und das Aufsetzten eines Komposts eine Wissenschaft für sich sein kann, sei an dieser Stelle auf einschlägige Gartenliteratur und das Internet verwiesen.

Vogelnester und Nistkästen als Kontaminationsort

Halten Sie im Garten Ausschau nach Vogelnestern. Diese können Brutzelle nicht nur für Vögel, sondern auch für Vogelflöhe sein. Wer schon mal Nistkästen gereinigt hat, wird das bestätigen. Dort springen einem gelegentlich die ausgehungerten Flöhe entgegen. Im Herbst sollten also alle Nistkästen gereinigt werden und alte Vogelnester entfernt werden. Nistkästen können vor dem Winter mit Kieselgur ausgestreut werden.

Schwierig wird es bei Siebenschläfern, Eichhörnchen, Igeln und Co. Diese Tiere möchte man auf der einen Seite gern im Garten haben, doch sollte man sich bewusst sein, dass sie jederzeit Flöhe einschleppen können. Kein Grund, fortan Wildtiere zu vertreiben: Die Gefahr, dass Nachbars Hund oder Katze Flöhe mitbringt, ist in Anbetracht der Menge an Haustieren, die wir heute im Vergleich zu Wildtieren im Garten haben, eher wahrscheinlicher. Auch der Besuch im Kino oder das Schlendern durch die Fußgängerzone - überall können Flöhe lauern. Man könnte schon paranoid werden, oder man sieht das ganz entspannt. Ich hatte ein einziges Mal in meinem Leben

Flöhe zu Hause, und das, obwohl wir immer draußen waren, ich immer mit den öffentlichen Verkehrsmitteln fahre, wir ständig mit unseren Tieren beim Tierarzt sind, im Wald, im Garten und ich als Baubiologe auch in Haushalten mit Flöhen war. Bekommen haben wir unseren Befall wahrscheinlich durch die Nachbarskatze. Wenn man das eigene Leben Revue passieren lässt, ist es verwunderlich, dass man nicht öfter mit Flöhen zu kämpfen hat. Ich betrachte das mittlerweile als beruhigend und sehr positiv.

Daher sind Säugetiere und Insektenfresser im Garten gern gesehen und sollten es auch bleiben. Wer seinen wilden Gartenbewohner genauer beobachtet, weiß wo dieser schläft. Dann kann man die Schlafstelle genauer unter die Lupe nehmen. Spätestens wenn die Tiere dort nicht mehr übernachten (z. B. im Sommer das Winterquartier), kann man hier reinigen bzw. den Ort mit Kieselgur bepudern oder die von den Tieren eingebrachte Streu in Form von Laub und Co. entsorgen und mit neuem Material gleicher Art und Menge ersetzten.

Rebhühner, Wachteln und generell sämtliche Hühnervögel fressen im Übrigen Zecken und Flöhe! Auch Ameisen tun das. Leider springen die Flöhe nicht freiwillig zu den Vögeln oder Ameisen, sondern flüchten vor ihnen (Ausnahme der Vogelfloh bei Vögeln). Wer lässt sich schon gern fressen? Daher ist es nicht sinnvoll Vogelnistkästen direkt über ein Ameisennest zu legen und zu denken, damit sei das Problem behoben. Im Gegenteil. Sofern die Ameisen zu den Flöhen vorstoßen, werden die Flöhe das Weite suchen und sich in alle Richtungen ausbreiten.

Da der Rückgang der bodenbrütenden wild lebenden Hühnervögel in Deutschland in den letzten Jahrzehnten ganz massiv fortgeschritten ist, müssen wir uns nicht wundern, dass wir neben den

Flöhen auch Zecken überall sitzen haben und die Probleme mit beiden stetig voranschreiten. Mit unserem massiven Pestizideinsatz haben wir der Nahrungskette bereits erheblichen Schaden zugefügt, der sich nun auch für uns auswirkt.

Flöhe im Auto

Wer täglich mit dem Auto fährt und im Haushalt ein Flohproblem hat, der sollte dringend auch an die Behandlung seines Autos denken!

Da im Auto viele Stellen sehr schlecht zu erreichen sind, etwa unter den Sitzen, kann man hier auf zwei verschiedenen Weisen vorgehen. Die dritte Variante ist der Vollständigkeit wegen angeführt.

1. Do it yourself auf die sanfte Tour

Dieses Vorgehen erfordert etwas Ausdauer, wie jede baubiologische Flohbekämpfung im Haus auch. Im Auto sollte man Kieselgur nicht oder nur in der allergrößten Not verwenden, da durch die Vibration und die Klimaanlage Kieselgur viel schneller aufgewirbelt wird als im Haus. Daher kann ich nur sehr bedingt empfehlen, Kieselgur in Minimengen unter die Sitze zu bringen. Wenn es dort liegt, sollte in der Zeit auf keinen Fall die Fußheizung oder Klimaanlage im Fußbereich eingeschaltet werden! Bevor man diese wieder aktivieren kann, muss die Kieselgur vollständig entfernt werden!

Im Auto kann man mit Niem den Flöhen zu Leibe rücken. Sprühen Sie Sitze, Fußbereiche , Kofferraum, Rückbank und den Bereich unter den Sitzen ein. Machen Sie das am besten, wenn Sie das Auto zwei Tage nicht benutzten, da im kleinen Raumvolumen des Autos der Geruch mitunter unerträglich wird. Anschließend muss das Auto gründlich gelüftet werden. Niem wirkt nur auf die Tiere, die sich noch häuten, nicht auf die zehn Prozent der Population in Puppenruhe! Daher kann es sein, dass Sie die nächste Zeit weiterhin ab und zu gestochen werden, doch neu geschlüpfte Larven entwickeln sich nicht weiter. Demnach muss das Auto noch einige Wochen weiter möglichst täglich gründlich gesaugt werden, damit Sie die erwachsenen Flöhe alle einfangen. Dies macht man am besten an der Tankstelle mit einen der dort befindlichen Industriestaubsauger. Es besteht immer die Gefahr, dass man, sollte im Auto noch ein Floh sitzen, diesen in eine bereits flohfreie Wohnung wieder mit hineinbringt. Das klingt schlimmer, als es ist, denn das Auto hat einen großen Vorteil: Die Puppen bleiben dort nicht so lange in der Puppenruhe wie in einer ruhigen Wohnungsecke, denn das Auto vibriert während der Fahrt und das animiert auch die schlupffaulsten Flöhe, ihren Verpuppungsort zu verlassen. Daher ist das Auto meist schneller flohfrei als eine große Wohnung.

2. Let it do von Reinigungsfirmen

Schlussendlich besteht die Möglichkeit, sein Auto professionell reinigen zu lassen. Auch manche Autowerkstätten bieten das an. Dabei werden auf Kundenwunsch auch Sitze ausgebaut, um unter diesen gründlich reinigen zu können. Für schwer zugängliche Zwischenräume haben solche Firmen auch Spezialwerkzeuge. Bevor man sich entschließt, das Auto wegen eines Flohbefalls zu verkaufen,

     Flöhe, die (un-)heimliche Page

kann man versuchen, dem Problem mit einer professionellen Reinigung beizukommen. Außerdem: Stellen Sie sich vor, Sie würden einen Gebrauchtwagen kaufen und sich damit Flöhe einfangen. Was Du nicht willst, dass Dir angetan wird, tue auch keinem anderen an.

3. Do it yourself auf die harte Tour (nicht zu empfehlen)

Das Auto ist kein Wohnraum. Der normale Mensch wird also eher selten im Auto schlafen und auch die Aufenthaltsdauer im Auto übersteigt bei den meisten die Aufenthaltsdauer im Haus nicht. Daher obliegt es im Verantwortungsbereich eines jeden selbst, ob er sein Auto mit einem Insektenspray behandeln will. Ich kann das nicht empfehlen, aber die Anfragen dazu landen dennoch immer wieder auf meinen Tisch. Daher gehe ich kurz auf das Foggen bzw. Sprühen von üblichen Insektiziden in Autos ein. Als geschlossener Raum braucht das Auto mit seinen geringen Raumvolumen auch nur Mini-Mengen. Die üblichen Foggerdosen für den Wohnraum sind dementsprechend viel zu groß! Die meisten nutzen daher Insekten-spray. Extrem wichtig: Verwenden Sie so wenig wie möglich und lüften Sie das Auto danach gründlich durch und reinigen Sie es von Grund auf. Bringen Sie vor Anwendung in Erfahrung, welchen Wirkstoff Sie einsetzen, denn je nachdem ob dieser wasser- oder fettlöslich ist, sollte Sie bei der Reinigung danach auf das passende Putzmittel achten. Für Stoffpolster empfiehlt sich ein Teppich-reinigungsgerät, das man am besten mit einem niemhaltigen (Teppich-)Shampoo versetzt. Stellen Sie das Auto anschließend in die Sonne und lassen Sie so viel UV-Licht in den Innenraum wie möglich.

Bedenken Sie: Jedes Vergiften führt dazu, das Flöhe zunehmend resistenter gegen chemische Insektizide werden, ähnlich wie bei den Antibiotika-Resistenzen der Bakterien. Wir züchten uns den Superfloh heran. Im Auto würde ich mich daher auf etwas Niem, den Staubsauger und die eigene Hartnäckigkeit verlassen.

Flöhe in Kindergarten, in der Schule und am Arbeitsplatz

Flöhe sind nicht meldepflichtig. Flöhe zu haben ist keine Krankheit. Und die springenden Tiere können überall lauern. Die Gefahr welche mit nach Hause zu bringen, ist viel größer, als man gemeinhin annehmen könnte. Da Flöhe aber ein Tabu-Thema sind, wird keiner ihre Beherbergung gern zugeben und den Nachbarn oder Arbeitskollegen anstoßen und sagen "Entschuldigung, wenn Sie nun Flöhe haben, die haben Sie von mir." Daher schweigt man meist verschämt und fühlt sich - auch deshalb - unwohl im Beisein anderer Leute. Aber zur Arbeit muss man ja gehen und eine Krankmeldung in der Schule wegen Flöhen ist über Wochen hinweg kontraproduktiv.

Was aber tun? Offen mit dem Thema umgehen ist in dem Fall das Mittel der Wahl.

Im Büro ist z. B. die Putzfrau eine erste Ansprechpartnerin: So kann man über sie erfahren, ob ein Flohbefall im Haus bekannt ist oder ob ihr herumspringende Tiere aufgefallen sind. Vielleicht kommt der eigene Flohbefall vom Arbeitsplatz? Dann gilt es, den Arbeitgeber oder zumindest die Hausverwaltung zu informieren, damit

zeitnah eine Lösung gefunden wird und eine baubiologische
Bekämpfung eingeleitet werden kann.

Ähnlich kann man in Kindergärten oder Schulen vorgehen. Wem
das Ansprechen der Klassenlehrerin oder Erzieherin zu heikel ist,
kann sich hier ebenfalls erst einmal ans Putzpersonal oder den
Hausmeister wenden. Auch die Sekretärin weiß mitunter, ob Eltern
etwas von einem Flohbefall der Kinder wissen. Wem das "outcoming"
seines eigenen Befalls zu peinlich ist, der geht das Thema eher
allgemein an. Hunde und Katzen, die am Kindergarten oder an der
Schule ohnehin ab und an entlanglaufen und potenziell Flöhe habe
könnten, sind ein willkommener Einstieg für ein Gespräch über Flöhe.
Eventuell bietet sich das Thema auch auf einem Elternabend an,
zumindest ansprechen sollten Sie es. Meist stellt man dann fest, dass
man nicht allein ist... nicht unbedingt während des Elternabends, aber
hinterher, wenn unter der Hand die Anrufe ebenfalls betroffener
Eltern bei einem einlaufen. Ehrlichkeit wird meist belohnt, auch wenn
das im ersten Moment vielleicht viel Überwindung und Mühe kosten
mag. Es haben mehr Menschen mit einem Flohproblem zu kämpfen,
als man denkt und zwar durch alle Gesellschaftsschichten hindurch -
vom Anwalt bis zum Arbeitslosen. Sich zu schämen ist der falsche
Weg. Das Problem in die Öffentlichkeit zu tragen zeigt, dass man
Verantwortung übernimmt und versucht, andere vor einem Flohbefall
zu bewahren, soweit das eben möglich ist. Tatsache ist: Flöhe lebten
schon mit uns, als wir noch in Höhlen hausten. Wir haben im Laufe
der Zeit gelernt, mit ihnen zu leben. Dank ihrer Anpassungsfähigkeit
gibt es sie bis heute und wird sie wohl auch noch geben, wenn wir es
geschafft haben, alle anderen Insekten auszurotten... Flöhe sind wie
die Einwohner eines kleinen gallischen Dorfes.

Hausmittel gegen Flöhe

Dies ist ein Kapitel, dass ich stark abkürzen kann: Kein einziges Hausmittel hat sich bei meinen damaligen akuten Flohbefall als hilfreich und effektiv erwiesen. Ich hatte damals alles ausprobiert:

- Rosmarinöl

- Lavendelöl

- Geraniol und Geranienöl

- Zitronenöl und Citronella

- Minze

Auch Tipps mit Zwiebeln oder Spülmittel sowie alle Variationen und Kombinationen diverser Öle und Hausmittel, die man im Netz findet, bringen nach meiner persönliches Erfahrung so gut wie keinen Erfolg. Wenn die Flöhe mal zu Hause sind, lassen sie sich so einfach nicht mehr vertreiben. Wohl haben die einzelnen Substanzen bisweilen eine abschreckende Wirkung auf Flöhe, aber das wird sie nicht aus den Ecken und Winkeln vertreiben. Sicher kann es sinnvoll sein, sich vor dem Betreten einer Scheune mit Geraniol einzusprühen, aber ein 100 prozentiger Schutz ist das nicht. Geraniol eignet sich bis zu einem gewissen Grad als Bekämpfungsmittel gegen Kopfläuse (z. B. wenn man das Sofa damit einsprüht), aber auch das ist kein Garant für Parasitenfreiheit. Flöhe jedoch haben sich gegen jede Form von Hausmitteln als äußerst resistent erwiesen. Sparen Sie sich das Geld und kaufen Sie lieber gleich eine Flasche Niem oder einen Staubsaugerbeutel mehr.

Kurioses aus dem Alltag mit Flöhen

Nur nicht den Humor verlieren! Wer von Flöhen gepeinigt wird, unter Wäschebergen erstickt und das Gefühl hat, das Leben ist ein einziger Staubsauger, der steht kurz davor, den Verstand zu verlieren. Oh ja. Ich kenne das. Auch ich wäre mehr als einmal am liebsten schreiend und fluchend aus der Wohnung gerannt, habe den Bücherschrank, das große Sofa und das Hochbett verflucht. Ich hatte das Gefühl, mein Eisschrank sei nur nach da, um Flöhen einen Winterurlaub im gefrosteten Staubsaugerbeutel zu verschaffen und aus meinen Armen sah ich schon Polsterdüsen wachsen. Meine Jungs haben irgendwann das Dauerbrummen des Staubsaugers gehasst, während sich mein Mann über so viel Sauberkeit nur wundern konnte - ja sich fast schon freuen wollte, bis zu dem Moment, als die Waschmaschine ihren Geist aufgab und eine neu her musste, und zwar sofort. Oh ja, ich kenne das unangenehm peinliche Gefühl, das man hat, während man einkaufen geht oder zu einem Elternabend. Hoffentlich steckt kein Floh in der Hose. Und wenn doch, hoffentlich ist der artig und springt nicht zum Nachbarn. Ob man Niem als Parfüm benutzen kann? Ich kenne die Scham, wenn man die Freundin fragen muss, ob ihre Katze Flöhe hat? "Wieso? Wie kommst du darauf?", "Ja, weil… na ja…"…sie sagt sowieso nein. Flöhe sind ein Tabu-Thema. Sie wurden dank hygienischer Maßnahmen offiziell aus dem Wohnraum verdrängt. Und dann hüpfen sie plötzlich durchs Haus und vermitteln einem den Eindruck, man sei unrein und ein Aussätziger. Seit es meine Internetseiten gibt und mich viele, sehr viele Menschen kontaktiert haben, die sich alle samt fühlen, als seien sie die letzten, von Flöhen befallenen Menschen auf der Welt, weiß ich, eines: Flöhe sind überall. In Städte und auf dem Land kommen sie ebenso vor wie im Penthouse eines Managers oder im Büro eines Baubiologen. Sie leben bei Haustierhaltern und können in Haushalten ohne Haustiere genauso gut wohnen. Flöhe machen vor nichts und niemandem halt. Sie sind wählerisch, aber anpassungsfähig. Sie haben ihre Vorlieben, ohne dabei ihr eigenes Überleben zu sehr auf einen Wirt zu spezifizieren. Biologisch betrachtet sind es wundersame, fast schon bewundernswerte Tiere - wenn nur nicht dieser Juckreiz wäre, diese vielen Krankheiten, mit denen man sie verbindet. So hasst man sie für jeden Stich wie die Pest selbst. Und ein kleines zufriedenes Lächeln huscht über das Gesicht, wenn der Staubsauger zum gefühlten tausendsten Mal an diesem Tag über das Sofa saugt oder man Kieselgur in die Fußleisten streut und man sich vorstellt, wie ein Floh bei lebendigem Leibe verdorrt - im Haushalt eines Tierschützers.

Dies ist ein Kapitel voller Augenzwinkern, dass Ihnen zeigen soll, dass Sie, sofern Sie Flöhe hüten, nicht die einzigen sind, die sie husten hören können.

Doppelseitiges Klebeband - Enthaarung inklusive

Das ist eine der unkonventionellen Maßnahmen - und nicht zu empfehlen: doppelseitiges Klebeband an den Beinen. Und so erhielt ich einen Anruf, in dem mir ein netter Mann mittleren Alters sein Flohproblem schilderte und beiläufig fügte er hinzu: "Ich sitze seit zwei Wochen nur noch an meinen Schreibtisch mit doppelseitigem Klebeband um die Füße gewickelt. Das tut höllisch weh, wenn ich es abziehe. Also lasse ich es dran und klebe vor dem zu Bett gehen die Außenseite mit der Abdeckschicht ab. Aber so langsam klebt es nicht mehr richtig. Was soll ich tun? Ich habe schon keine Haare mehr an Unterschenkeln." Nur um es vorwegzunehmen: Tatsächlich! Es klebten auf Nachfrage jeden Abend zwei bis drei Flöhe am Klebeband. Aber es wurden nicht weniger. Nur die Körperbehaarung.

Frau schmunzelt. Das mit der Enthaarung ist so ein Thema für sich. Im Schwimmbad sieht das bestimmt ulkig aus, wenn die Unterschenkel auf halber Höhe völlig kahl sind, während überall die Körperbehaarung spießt. Was gibt Mann dann für eine Erklärung? Übermäßiger Gummistiefelgebrauch? Kopfkino.

In der Tat war ich bei meinem eigenen Flohbefall kurz in Versuchung, das mit dem Klebeband selbst auszuprobieren. Auch ich sitze und saß viel am Schreibtisch und wurde regelmäßig dort von Flöhen angesprungen - mit Vorliebe am Abend. Schrecklich. Doch die Klebkraft von doppelseitigem Klebeband hat mich abgeschreckt. Da könnte man einen Autobus dran kleben. Wie bekommt man das wieder ab? Bis ich ein doppelseitiges Klebeband gefunden hatte, das auf der einen Seite sehr stark klebt und auf der anderen Seite lediglich der Klebkraft von einem Post-it-Zettelblock entsprach, waren meine Flöhe schon verschwunden.

Wer es testen möchte, sollte doppelseitiges Klebeband nutzen mit zwei unterschiedlich stark haftenden Seiten! Die leichter ablösbare Seite kommt ans Bein. Ein Floh ist nicht groß, aber seine Sprungkraft enorm. Und bevor jemand fragt: Vom Tesafilm können sich einige Flöhe befreien. Ich habe das getestet. Allerdings wirkt so ein Klebeband nur auf ausgewachsene Flöhe. Solange diese Eier ablegen, fängt der ganze Flohzirkus in ein paar Wochen wieder von vorne an. Klebeband kann also nur als "unterstützende"

Begleitmaßnahme gesehen werden, aber eine Flohlichtfalle über Nacht nahe am Schreibtisch aufgestellt, kann dasselbe ohne Enthaarung der Beine bewirken.

Ganzkörper-Frischhaltefolienwickel

Sie krabbeln an einem herum, sind gewitzt, gerissen und viel zu schnell. Nur Intelligenz und Erfindungsreichtum bewahren den Menschen seinen Verstand zu verlieren, wenn ihn die Flöhe plagen. Und so steht der Flohbefallene in voller Bekleidung vor der Wanne und weiß: Wenn er da nicht mit einem Satz untertaucht, hüpft der Floh aus dem Kragenausschnitt oder dem Hosenbund heraus und entkommt dem Ertrinken. Die Aktion "Tod in der Wanne" war umsonst, Unmengen an Kleidern müssen wieder trocknen. Was tun? Intelligenz und Erfindungsreichtum aktivieren. Also wird der Kragen mit Paketband am Hals abgeklebt und den Hosenbund mit Frischhaltefolie abgesichert, sodass man diese abwickeln kann, sobald man in der Wanne untergetaucht ist. Es ist zum Lachen und zum Heulen. Flöhe sind hartnäckige, flinke Biester. Sie springen in Sekundenbruchteilen zum nächsten menschlichen Mitbewohner, wenn man den Fuß nur in die Wanne steckt. Sie wissen wohl, dass sie nicht schwimmen können und wenn Seife oder Schaumbad die Oberflächenspannung des Wassers gebrochen hat, dann haben sie keine Chance. Sie wissen, sie werden sterben und - türmen.

Doch Frischhaltefolie passt sich wunderbar dem Körper an. Dann juckt es plötzlich an den Waden und schon hat man die Beine umwickelt. Es krabbelt am Bauch und die Folie wird weiter aufwärts gewickelt, bis zum Hals - oh, das spannt. Wird doch ein wenig eng.

Und warum juckt es jetzt auf dem Kopf? Den auch noch umwickeln? Mit Atemlöchern? Es klingelt an der Tür… verdammt. So kann man nicht öffnen. Es klingelt aggressiver…

Nein, das mit der Frischhaltefolie ist zusammen mit der Vermeidung von Plastikmüll nicht zu vereinbaren - und einfach unpraktisch. Es geht auch ohne. Vielleicht braucht es mehr als den ersten Versuch, vielleicht hüpft der Floh noch beim dritten Anlauf auf den Wannenrand, aber es wird gelingen. Auch ohne Frischhaltefolie und Paketband. Darüber hinaus: Flöhe sind sehr platte Tiere, durch was die sich hindurchquetschen können, ist unglaublich. Da reicht ein millimeterbreiter Spalt im Frischhaltefolienwickel und der Floh nutzt ihn zur Flucht. Ich ziehe meinen Hut vor den kleinen Biestern. Die sind wirklich flink.

Geschäftsmodell: rent a cat - Miete eine Katze

Ein Schelm, wer Böses dabei denkt, wenn der Nachbar fragt, ob er die Katze hüten kann. Doch tatsächlich kann eine zeitweise Inobhutnahme einer Katze oder eines Hundes bei Katzen- bzw. Hundflöhen Erleichterung bringen, zumindest bei eher spärlichem Befall. Kann. Eine Garantie dafür gibt es nicht. Und eine echte Lösung ist das auch nicht.

Was passiert, wenn in einer haustierfreien Wohnung mit verirrtem Katzenfloh plötzlich eine Katze einzieht? Die Flöhe jubilieren: Lieblingsnahrung! Sobald der Stubentiger also in Sprungweite ist, wird ein Floh mit großer Wahrscheinlichkeit vom Notwirt Mensch auf seinen angestammten Lebensraum wechseln wollen. Mit einem beherzten Sprung ins Ungewisse tauscht der Floh den Lebensraum aus und wohnt - sofern der Umzug gelingt - fortan auf der Katze. Im besten Fall ist das so, wenn der Floh seine Treue zum alten Wirt aufgeben will. Dort angekommen wird er sich agiler als sonst weitervermehren. Dies ist der Punkt, an dem die Katze wieder dem Nachbarn gegeben werden sollte oder ein Spot-on verabreicht bekommen sollte.

Schön, wenn es so einfach wäre. Tatsache ist leider, dass es nicht nur um die adulten Flöhe geht, sondern in den Ecken und Ritzen einer Wohnung die Brut auf ihre Zeit wartet. Selbst wenn also nur eine Handvoll erwachsener Flöhe herumspringen und der unwahrscheinliche Fall eingetreten ist, dass genau diese Handvoll geschlossen auf die Katze gehüpft ist: Das Problem wird noch mindestens vier Wochen bis neun Monate bestehen bleiben. Immer wieder wird eine neue Fuhre ausschlüpfender Flöhe auftauchen, bis das letzte Flohei gelegt und er letzte Floh geschlüpft und vernichtet worden ist. Nein, sich eine Katze oder einen Hund auszuleihen ist nichts für haustierfreie Wohnungen. Davon abgesehen: Wer sagt, dass es kein Igelfloh ist, den man zu Hause hat?

Föhnfrisur für den Fußboden

Heißluft oder heißer Wasserdampf kann unter professioneller Durchführung gegen Flöhe helfen. Sogar so manchem Holzbock haben baubiologische Schädlingsbekämpfer mit heißer Luft den Gar aus gemacht. Es wirkt, denn ab Temperaturen von 42 °C fängt es für die Proteine an, heikel zu werden. Sie denaturieren. Da spielt es keine Rolle, wo das Protein drinsteckt, ob als Baustein im menschlichen Körper, in einem Ei oder einem Floh.

Freilich wird ein fiebernder Mensch nicht zu einem gekochten Ei, sobald er 42 °C Körpertemperatur erreicht, aber dieser Zustand ist dennoch lebensbedrohlich. Enzyme versagen und körpereigene Strukturen werden an elementaren Stellen zerstört. Nur wenige thermophile Organismen schaffen es, sich dieser Zerstörung zu widersetzen und bugsieren sich so in den Mittelpunkt biologischer Forschung. Flöhe gehören nicht dazu. Sie sind weder wissenschaftlicher Forschungsmittelpunkt noch hitzeresistent. Während das Erste schade ist, ist das Zweite hoffnungsvoll. Hitze tötet Flöhe.

Nun ertappt sich mancher Flohgepeinigte beim Gang durch die Wohnung. Da muss doch etwas sein, womit sich heiße Luft erzeugen lassen kann, Dampf oder wenigstens Hitze. Doch weder Infrarotlampe noch der heimische Wasserkocher scheinen geeignet zu sein, der Plage Herr zu werden. Und so wandert der Blick Fußleisten entlang an die Zimmerecke, den Kanten des Sofas und des Schrankes vorbei, man läuft gedanklich oder physisch über den wahrscheinlich flohkontaminierten Läufer im Flur und findet sich im Bad wieder. Und da ist es! Das Gerät, das vielleicht Abhilfe verspricht: der Heißluftföhn. Und plötzlich ploppt ein wagemutiger, ebenso irre erscheinender Gedanke auf: "Warum nicht? Warum nicht den Fußboden föhnen?" Wenige Augenblicke später findet sich der Flohbefallene in gebetsartiger Haltung mit dem Föhn bewaffnet vor den Zimmerfugen und bläst heiße Luft in alle Ritzen und Winkel, in der Hoffnung, dass er das Problem damit sprichwörtlich auf und davon bläst.

Gute Idee? Auf den ersten Blick ja, auf den zweiten ein klares Nein. Die Luft in einem Föhn ist nur im Zentrum des Luftstroms heiß genug. Der Rest ist ein lauer Orkan. Das, was an schlafenden Puppen und Larven in den Fugen sitzt, wird darüber hinaus herausgeblasen und aktiviert - aber selten abgetötet. Eine im lauen Lüftchen geschüttelte Flohlarve wird sich beeilen, seine Entwicklung abzuschließen. So ein Föhn, weckt nicht nur schlafende Hunde - auch schlafende Flöhe. Das kann zum Vorteil genutzt werden, wenn die Flohpuppen zum Schlüpfen aktivieren werden sollen. Danach Kieselgur in die Ritzen streuen, den Staubsauger aktivieren und das Flohproblem ist erledigt ?! Erstverschlimmerung nennen das Homöopathen. Einen Tag später fühlt man sich den Psychopathen allerdings sehr viel verbundener, denn dann springen die Flöhe überall.

Da wäre eine Infrarotlampe erfolgversprechender - eigentlich. Sie arbeitet luftbewegungsarm und heizt Flächen schnell auf. Tief genug? Irgendwo fängt der "Wellnessbereich" für Flöhe und ihre Brut an. Was in fünf Zentimetern Entfernung tödlich ist, lässt Flöhe 20 cm weiter gut leben. Bevor Sie nun mit Lampen und Bauheizern experimentieren - eines Vorab: Finger weg von Föhn, Lampen und Heizstrahlern aller Art. Es besteht eine nicht zu unterschätzende Brandgefahr bei all der Synthetik im Haus. Hitze sorgt auch für verstärkte Ausdünstungen aus Möbel und häuslichen Reinigern. Eine Behandlung mit Hitze gehört immer in die Hände eines zertifizierten Fachbetriebes.

Das Einzige, das man haushaltsüblich als Bekämpfungsgerät einsetzen kann, ist neben dem Staubsauger ein Dampfreiniger. Sehr simpel. Sehr effektiv. Lüften Sie anschließend gut, nicht dass Sie durch den hohen Wasserdampfgehalt drei Tage später überall die Schimmelpilze wachsen haben. Der Mensch hat keinen Sinn für

Luftfeuchtigkeit. Wo auch immer Sie den Dampfreiniger ausleihen oder kaufen, nehmen Sie gleich ein digitales Thermohygrometer dazu. Über 60 % relative Luftfeuchte darf es über zwei bis drei Tage nicht in der Wohnung haben, sonst freuen sich die Schimmelpilze und Sie haben den Teufel mit dem Beelzebub ausgetrieben.

Ja, ein Dampfreiniger kann helfen, vor allem Sofas und Fugen abzudampfen, allerdings nur, wenn er fachgerecht angewendet wird, und tauglich ist er nicht überall, denn Holz quillt auch unter einer Kunststoffschicht wie beim Laminat auf. Fachfirmen, die mit Dampf reinigen, wissen um das Risiko und gehen dementsprechend sorgsam um - und sind meist auch gegen einen Schaden versichert.

Wasserdampf, heiße Luft, Infrarotwärme - all das gehört in die Hände eines Fachmanns und sollte auch nicht im verzweifelten Selbstversuch angewendet werden. Davon abgesehen kommt man sich selbst dämlich dabei vor, wenn man anfängt, seinen Fußboden zu föhnen.

Ist der BH schon gar?

Der Wahnsinn trägt Spitze. Leben Flöhe im Spitzenunterhöschen? Was tun, wenn das teure Dessous nicht über 60 °C gewaschen werden kann. Das gute Stück stammt aus dem letzten Frankreichurlaub oder war ein teures Präsent zum zehnten Hochzeitstag? Es hat für so manch romantische Stunden gesorgt und nun soll es entsorgt werden? Wegen eines Flohs? Flohgeplagte laufen, was die Vernichtungsoptionen Ihrer hüpfenden Mitbewohner angeht, zu kreativen Höchstleistungen auf. War da nicht was mit einer

Mikrowelle? Wer in den USA eine Mikrowelle kauft, bekommt den
Warnhinweis, keine Hunde in der Mikrowelle zu trocknen. Es tötet den
Hund. Katzen übrigens auch. Auch die Flöhe? Ja, auch die Flöhe.
Mikrowellen sind hochfrequente Schwingungen, die Moleküle
regelrecht in Wallung bringen und zwar so weit, dass es so heiß wird,
dass Proteine denaturieren, Fleisch gar wird - von innen heraus. Das
wäre doch ein adäquater Tod für einen Floh - von innen heraus
gekocht. Das ist definitiv nichts für schwache Nerven oder
Tierschützer.

Und schon stellt sich die nächste Frage? Bei welcher Leistung und
wie lange? Zwar habe ich nach statistischen Erhebungen zur letalen
Strahlungsdosis bei Flöhen in haushaltsüblichen Mikrowellen für
französisches Spitzengewebe gesucht, aber nichts gefunden. Wichtig
ist, dass das Textil mikrowellengeeignet ist, also keine
Schmelzprozesse auftreten.

Auch darf auf keinen Fall darf Metall in die Mikrowelle. Viele
Dessous und BHs enthalten aber Metallbügel, Ösen und Häkchen aus
Metall. Das macht ein Spitzenunterwäschestück in der Mikrowelle zu
einer tödlichen Waffe! Die Flöhe sterben zusammen mit der
Besitzerin und der Mikrowelle in einem lebensgefährlichen
Funkenhagel. Es besteht akute Brand- und Lebensgefahr! Finger weg!
Es geht auch einfacher: Weichen Sie Ihre Wäsche ein paar Minuten
in einem Eimer mit Wasser und Seife ein, zur Not direkt mit sich
zusammen in der Wanne.

Flohhalsband fürs Herrchen

Kommt ein Mann in die Tierhandlung und fragt den Verkäufer:
"Entschuldigen Sie. Führen Sie Flohhalsbänder?"

"Natürlich", sagt er und greift ins Regal hinter sich und reicht dem
Kunden ein Flohhalsband für Katzen.

Der Kunde betrachtet es und fährt sich dabei abschätzend mit
der Hand um den eigenen Hals. Schließlich fragt er: "Haben Sie das
auch größer? Vielleicht in Bulldoggengröße?"

Was beginnt wie ein Witz, erschließt sich erst, wenn man weiß,
dass Flohhalsbänder überwiegend für Katzen hergestellt werden.
Hunde können mit einem Anti-Floh-Shampoo gewaschen werden.
Katzen aber? Wer mal versucht hat, seine Katze zu waschen, der
weiß, dass das eine Quälerei ist - für Katze und Herrchen oder
Frauchen. Auch streunen Katzen gerne umher, was Flohhalsbänder
wiederum für sie schnell zu einer Todesfalle werden lassen kann, denn
beim Fall vom Baum, kann sich das Tier strangulieren. Ob man nun
ein Flohhalsband für sein Haustier nutzt oder nicht, man kennt es.
Und so ist es nicht verwunderlich, dass der eine oder andere
Flohgeplagte auf die Idee kommt, sich selbst ein solches Halsband
anzulegen. Eine ganz dumme Idee. Zum einen ist ein Flohhalsband in
Menschengröße schwer zu beschaffen, zum anderen sieht der
Metallring zum Befestigen des Namenschildchens oder der Leine
dämlich aus. Nein, das sind natürlich nicht die Gründe. Vorrangig
sind Tierprodukte nicht für den Menschen gemacht! Und einen
Permethrin-Ring dauerhaft um den Hals zu tragen, das ist nun keine
sehr beruhigende Vorstellung. Finger weg!

Dennoch kann man ein Flohhalsband - wenn man denn schon eines zu Hause hat, sinnvoll einsetzen: Schneiden Sie es in fingerlange Stücke und saugen Sie ein oder zwei solcher Stücke in den Staubsauger ein. Flöhe, die sich im Staubsaugerbeutel befinden, werden im besten Fall dadurch getötet. Wenn Sie nun fragen, ob diese wirklich so einfach getötet werden, kann ich dies nicht mit "ja" beantworten, denn das hängt ein wenig vom Flohhalsband ab, welchen Hauptwirkstoff es beinhaltet, wie hoch dosiert dieser ist und wie alt das Flohhalsband ist... Pyrethrum-Produkte, das wissen Sie längst, werden unter Lichteinfluss binnen Tagen zerstört, Permethrin hat mit rund 30 Tagen eine etwas längere Halbwertszeit, Niem wirkt etwa ein halbes Jahr usw. Aber wer weiß schon, wie lange das Halsband im Regal hing? Aber gerade im Nachklang an die Akut-Phase eines Flohbefalls kann ein Stück Flohhalsband im Staubsaugerbeutel wenigstens auch psychisch noch mal eine wenig Sicherheit vermitteln. Den Staubsaugerbeutel sollten Sie dennoch die nächsten Wochen häufiger als unter normalen Umständen wechseln.

Fakten rund um den Floh

Flöhe...

...können als erwachsene Tiere ca. sechs Wochen ohne Nahrung auskommen.

...springen ungern fünf Meter weit, können es aber, wenn es sich lohnt.

...überleben im Staubsauger und hüpfen dort auch heraus.

...können nicht schwimmen und ertrinken binnen weniger Sekunden.

...können auch minus 18 °C überleben.

...können im Puppenstadium bis zu neun Monate ausharren.

...sind im Puppenstadium resistent gegen die meisten Gifte und auch besser gewappnet gegen Kälte und Hitze.

...beginnen mit der Eiablage, sobald sie einmal Blut gesaugt und sich gepaart haben.

...bauen keine Nester (Ausnahme Menschenfloh).

...haben ihre Vorlieben für bestimmte Tiere, sind aber keine 100 %igen Nahrungsspezialisten, ernähren sich also auch von anderen Tiergattungen und -arten inklusive des Menschen.

...ein Katzenfloh am Menschen kann nicht nur dort überleben, er kann sich an ihm auch vermehren.

...letzteres gilt für nahezu jede Flohart, die auf Säugetieren lebt.

...die Ratten im Mittelalter sind an der Pest gestorben, die Flöhe, die Überträger des Pestbakteriums, aber nicht.

...sind nicht meldepflichtig, wohl aber manche von ihnen übertragene Krankheiten wie z. B. Salmonellen oder Pest.

...überleben Frost und Tiefkühlen nicht, aber ihre Puppen können das ziemlich lange!

...werden nicht von Gerüchen angezogen, sondern vom Kohlendioxid der ausgeatmeten Luft, von Körperwärme und Bewegung.

...der älteste erwachsene Floh hat 180 Tage gelebt.

...legten den Grundstein zur Charité in Berlin, denn im Jahr 1710, zu Zeiten der letzten Pestepedemie in Deutschland, errichtete König Friedrich I. ein Pesthaus, aus dem die größte Universitätsklinik Europas wurde.

Spezial: Milben

Neben Mücken aller Art, Bienen, Wespen und anderer stechender oder beißender Insekten, sind es auch Spinnentiere, die den Menschen heimsuchen. Allen voran die Milben. Es gibt weltweit über 50.000 Arten von Milben. Imker kennen und fürchten die Varroa-Milbe, Hühnerzüchter bekämpfen regelmäßig die rote Vogelmilbe und biologische Schädlingsbekämpfer setzen nützlich Raubmilben gegen diverse Schädlinge ein. Viele Kinder kennen die Samtmilbe, die Menschen gegenüber völlig friedlich ist, aber als Raubmilbe Insekteneier frisst - auch die von Schmetterlinge und Heuschrecken. Man sieht sie an schönen Tagen an Mauern und Felsen. Allergiker hingegen reagieren vor allem auf den Kot der Hausstaubmilbe, während die Tiere an sich harmlos sind. Wir sprechen hier also von einer sehr uneinheitlichen Gruppe von Spinnentieren aus über 546 Familien und eine Pauschalisierung auf ˝die Milbe˝ ist eigentlich nicht möglich. Dennoch kommen vor allem drei Milbenarten relativ oft am Menschen vor. Hat man nicht vorher schon die Erfahrung mit einem Floh gemacht, fällt die Unterscheidung, was einen da nun gebissen hat, nicht leicht. Daher soll hier kurz beschreiben werden, woran man einen Milbenbefall erkennen kann und was man dann tun sollten.

Die Stiche von Milben unterscheiden sich von Flohbissen. Meist sind sie kleiner und lokal begrenzter, akkumulieren sich meist an den weichen Stellen von Gelenken und sind deutlich kleiner als Flohbisse (Herbstmilbe) oder sind so diffus verteilt, sodass keinerlei Streckenverlauf zu deuten ist (Vogelmilbe) oder sie verlaufen tatsächlich als anfangs nur kurze, später zentimeterlange rötliche Bahn unter der Haut (Krätzmilbe).

Herbst-Erntemilben

Die Herbstmilbe heißt auch Erntemilbe und das bezeichnet schon, welche Bevölkerungsgruppen - zumindest früher - davon überwiegend betroffen waren: Landwirte, Erntehelfer und Bauern. Heute gehören auch Hundebesitzer und Naturbegeisterte dazu. Den Menschen quälen vor allem die Larven, die uns als Fehlwirte befallen und nach ihrem versehentlichen menschlichen Mahl einige Stunden später zu Boden fallen. Wurde man von mehreren Herbstmilbe-Larven angefallen, können sich vor allem an den Fußgelenken, in den Achseln, den Kniekehlen, Ellenbeugen, Beinen und unterhalb der Gürtellinie Stellen bilden, die extrem jucken und als "Stachelbeerkrankheit" bezeichnet werden. Gegen den Juckreiz sollte der Arzt oder Apotheker etwas zur Hand haben, denn mit diesem quälenden Reiz muss man fast zwei Wochen leben. Dann ist der Spuk von selbst vorbei, da sich die Herbstmilben im Haus nicht weiter entwickeln können.

Sollte man Erntemilben mit nach Hause gebracht haben, kann man vorsorglich einmal die Wäsche wechseln, duschen und das Zimmer saugen, sodass man abgefallen Larven aus der Wohnung bringt. Von den Herbstmilben selbst erkennt man nur die etwa 0,4 mm großen Weibchen als orangerote Punkte, wenn sie z. B. über ein weißes Blatt Papier laufen. Die Larven sind mit bloßem Auge kaum zu sehen. Wer Herbstmilben einmal fangen möchte, kann an einem warmen Spätsommertag ein weißes Lacken auf einer Wiese ausbreiten, auf der er Milben vermutet. Nach ein bis drei Stunden müsste man die Weibchen darauf herumkrabbeln sehen.

Krätzmilben

Ein nur schwacher Befall mit Krätzmilben ist anfangs recht schwer zu deuten. Gerade in der Anfangsphase sind die typischen Fraßgänge unter der Haut noch nicht ausgebildet. Die Bissstellen sehen zuerst aus wie kleine Stiche, ein paar Stunden bis Tage später entsteht ein feines Gespinste darüber. Dies sind die Reste der sich unter dem Milbeneinfluss auflösenden Haut. Diese Stellen sieht man anfangs nur manchmal, denn gerade wenn Kleidung darüber reibt, löst sich das Gespinst vorzeitig ab. Nach einigen Tagen oder Wochen - je nach Befallsstärke und Vermehrungsrate - erkennt man dann die blutig-roten, wie Striemen aussehenden Gänge. Leider jucken diese stark, weshalb sie sich durch das Kratzen schnell entzünden und eitern. Auf alle Fälle sollten bei einem Krätzmilbenbefall das Bett regelmäßig abgezogen werden und in die Kochwäsche gegeben werden. Die Matratzen sollte man mit Niem einsprühen. Besser ist es aber, sich eine neue Matratze zu zulegen. Das alles sollte zeitgleich mit einer ärztlich verschrieben, meist tatsächlich permethrinhaltigen Salbe erfolgen. Hier ist das Pestizid ausnahmsweise angebracht, denn es wird weder vernebelt, noch kontaminiert man damit die gesamte Wohnung. Man bringt es nur stellenweise auf. Wer darauf verzichten möchte, kann es mit niemölhaltigen Präparaten versuchen. Auf alle Fälle sollte der Partner oder die Familienangehörigen, die engen Kontakt mit der befallenen Person hatten, die nächsten Tage gut beobachtet werden, damit man hier unter Umständen sofort mit der Behandlung beginnen kann.

Vogelmilben

Vogelmilben gehören neben den Krätzmilben zu den unangenehmen Zeitgenossen. Durch Vögel und Vogelnestern am Haus oder über dem Sitzplatz angebrachte **Vogelnistkästen**, können sie sich im ganzen Haus verbreiten. Auch Tauben oder andere Vögel, die gern auf der Fensterbank sitzt, können zu einem Befall mit Vogelmilben führen. Vogelmilben zu finden, wenn sie es einmal in die Wohnung geschafft haben, ist eine Sisyphus-Arbeit.

Wer von Vogelmilben heimgesucht wird, hatte oft schon einige Kammerjäger zu Hause, die erfolglos nach Flöhen oder anderen "Großparasiten" gesucht haben. Meist fühlen sich die Befallenen wie medizinische Hypochonder: Sie werden gestochen und nirgends läuft oder springt ein Tier herum. Es wurden Insektizide gesprüht und der Staubsauger lief die vergangenen Tage rund um die Uhr, aber nichts half.

Milben gehören zu den Spinnentieren und **Spinnentiere** sind keine Insekten, weshalb reine Insektizide ihnen nichts anhaben können. Das ist der Grund, warum einige Mittel nicht wirken. Permethrin hilft gegen Insekten und Spinnentiere. Das Fatale ist jedoch, dass die Milben sehr klein sind und gerade wenn sie in Winkeln vom Schränken oder im dicken Wollteppich sitzen: Man müsste den Teppich oder Schrank darin baden, damit man wirklich jedes Tier tötet. Und hat es so eine überlebende Milbe wieder zurück auf einen nicht gespritzten Menschen geschafft, lebt sie dort eben weiter. Mit einer zweiten überlebenden Milbe baut sich dann eine neue Population auf.

Doch ein Milbenbefall ist kein Grund zur Panik. Letztendlich sind Milben zwar klein, aber auch nicht so mobil wie Flöhe. Hat man also die Ansammlung von Milben erwischt, können sie nicht wegspringen.

Gegen Milben hilft ein **Dampfreiniger** gut. Auch milbendichte Bezüge können verhindern, dass sich die Milben in eine neue Matratze begeben. Hat man einen Milbenbefall, sollte man Kleider im Schrank zu drei bis fünf Kleidungsstücken bündeln und z. B. in milbendicht verschließbaren Zipp-off-Tüten packen. Auf diese Weise werden frisch gewaschene Sachen nicht sofort wieder befallen und je nachdem, was Sie anziehen, haben Sie ein Indiz, dass die Milben in genau dieser Hose saßen, die Sie gerade frisch aus einem bestimmten Beutel genommen haben. Wichtig ist, bei Vogelmilben, sein Augenmerk darauf zu lenken, dass auch die Garderobe und die Schuhe, Mäntel und Hüte gewaschen und behandelt werden, ebenso Fußmatten und Fensterbänke. Auch Terrassen und Balkone sollten kritisch unter die Lupe genommen werden.

Dampfreiniger kann man im Baumarkt leihen. Besser ist ein leistungsfähigeres Gerät als eines, das die Temperaturen nicht wirklich halten kann, denn sonst schlüpfen einem wieder Tiere durch die Finger.

Auch **Kieselgur** kann an Stellen eingesetzt werden, an denen der Dampfreiniger nicht hinkommt. Die Vorsichtsmaßnahmen finden sich im Kapitel Bekämpfung von Flöhen. Und auch hier: Dranbleiben! Nicht aufgeben!

Manchmal gelingt es einem, mit durchsichtigen Klebefilmstreifen Milben einzufangen. Dafür auf gut Glück den Klebestreifen dort kurz aufkleben, wo man Milben vermutet. Dann kann man diesen Streifen auf einen Objektträger kleben und unter dem Mikroskop schauen, ob es sich um einen Milbenbefall handelt. Wer kein Mikroskop hat, kann einen Tierarzt oder ein mikrobiologisches Labor oder in der biologischen Fakultät einer Universität nachfragen, ob diese die Probe einmal nach Milben durchschauen können. Es ist wichtig, dass man die Milben einmal mit eigenen Augen sieht. Dann wird aus dem bislang scheinbaren Phantom etwas Reales und das tut der Seele gut, weil man nicht mehr meint, man sei verrückt.

FAQ - Fragen und Antworten

Viele Fragen haben mich in den letzten beiden Jahren über meine Webseite erreicht. Auch per E-Mail oder Telefon suchten verzweifelte Menschen Hilfe. Ich versuche hier die Fragen zu einem FAQ zusammenzufassen, denn kein Mensch liest sich über 400 Anfragen durch. Also werden immer wieder neue Anfrage gestellt, auch wenn das Thema schon dreimal auftauchte. Vielleicht führt Sie dieser Fragenkatalog schnell zu einer brauchbaren Antwort.

Frage 1. Worst Cast - Foggen und Gift

Ich habe nach einem hartnäckigen Flohbefall alles gefoggt, doch das hat nichts genutzt, zuletzt war ein Kammerjäger da, der ebenfalls alles eingenebelt hat, aber nach vier Wochen sprangen die Flöhe wieder herum. Mir kribbelt es nun überall und meine Zehen fühlen sich taub an. Ich weiß mir nicht mehr zu helfen.

Antwort: Der Klassiker: Das Kind ist in den Brunnen gefallen und Sie haben nun wahrscheinlich Permethrin und Pyrethrum überall in der Wohnung. Um das zu bestätigen, lohnt sich ein Blick auf die Packung des Foggers und seine Inhaltsstoffe und ein Nachfragen beim Kammerjäger (technisches Datanblatt), welche Mittel er verwendet hat. Dann weiß man, womit man es zu tun hat.

Ob Pyrethrum aus natürlichen Quellen stammen oder nicht, ist egal, denn es kann in hohen Dosen oder bei empfindlichen Menschen zu Beeinträchtigungen führen. Vorwiegend wirkt es aufs Nervensystem (von Insekten), kann beim Menschen aber zu Allergien, Haarausfall, Kopfschmerzen, Zittern und Juckreiz führen.

Genaue Tipps, um Ihre Wohnung sicher pestizidfrei zu bekommen, kann ich Ihnen leider nicht geben, denn dafür kenne ich die häuslichen Gegebenheiten zu wenig. Es gibt aber Möglichkeiten, die Belastung prinzipiell recht schnell zu senken. Wenn man einen Balkon oder eine Terrasse hat oder auch nur ein vollständig zu öffnendes Fenster, in das die Sonne gut hereinscheinen kann, dann kann man dies zum Abbau der Insektizide nutzen. Die Verbindungen, vor allem Pyrethrum, sind im UV-Licht nicht besonders stabil. Je mehr Sonnenlicht darauf fällt, desto schneller werden diese Stoffe zerstört. Pyrethrum wird im UV-Licht in wenigen Tagen vollständig aufgebrochen. Permethrin ist leider nicht ganz so instabil. Halbwertszeiten in der Natur findet man mit bis zu 30 Tagen angegeben und dann ist immer noch die andere Hälfte vorhanden, die wieder bis zu 30 Tage braucht und so fort. Permethrin ist auf der einen Seite fettlöslich, auf der anderen Seite wird es im Körper schnell über Hydrolyse, also mittels Wasser abgebaut. Wahrscheinlich ist dies auch ein Grund, warum die letale Dosis bei der oralen Aufnahme recht hoch ist, was nicht heißt, dass es ungefährlich ist. Davon abgesehen wirken Permethrin und Pyrethrum immer auch auf Nützlinge wie Bienen, Spinnen und Co.! Sie sind also alles andere als ökologisch!

Pyrethrum ist der Hauptwirkstoff z. B. in "Goldgeist forte®", das Mütter von der Läusebehandlung der Kinder kennen. Das ist bei einem einmaligen Läusebefall und fachgerechter Behandlung mit beiden zugedrückten Augen tolerierbar, sofern der Kinderkopf danach ein paar Tage in der Sonne herumhüpfen kann. Wer das weiß, minimiert das Risiko von Nebenwirkungen.

Soweit die Hintergrundinformationen. Was kann man nun machen? So viele Matratzen, Polster und Stoffe der Sonne aussetzten, wie möglich und wegen des Permethrins auch nicht nur ein paar Tage, sondern, wenn dies machbar ist, gleich für den Rest des Sommers.

Holzmöbel lassen sich mit Olivenöl oder einem Möbelöl wischen. Das tut dem Naturholz gut und löst das Permethrin.

Große Teppiche sind ein echtes Problem. Mit der Entsorgung sind Sie wahrscheinlich tatsächlich gut beraten.

Dass eine Belastung vorliegt, ist in Ihrem Fall keine Frage, sondern wie hoch diese ist und in welchen Räumen eine Belastung vorherrscht, müsste geklärt werden. Will man es richtig machen, muss ein Sanierungskonzept erstellt werden, von einem Fachmann, etwa einen Baubiologen oder Umweltanalytiker. Aber das ist nicht billig. Am billigsten ist die Entsorgung von Materialien, von denen man glaubt, dass sie vorrangig besprüht wurde oder belastet sind und ansonsten: belichten, putzen und lüften.

Eine fachgerechte Sanierung würde auch eine Qualitätskontrolle nach Sanierung beinhalten. Solche Vorher-Nachher-Analysen machen diverse Umweltanalyselabore. Einfach anfragen. Gute Baubiologen haben "ihre" Labor, mit dem sie gute Erfahrungen haben. Auf alle Fälle lohnt sich ein Nachfragen, ob die Laborkosten im Honorar/Angebot des Baubiologen stecken oder separat berechnet werden. Allein die Laborkosten können, je nach Methode und Labor stark schwanken. Pestizide weißt man am besten über eine Hausstaubprobe nach. Auch wenn auf manchen Internetseiten solcher Labore steht, die Analyse über Hausstaub sei denkbar einfach, so ist bei der Probenahme von Hausstaub auf vieles zu achten, damit man

brauchbare Ergebnisse zum aktuellen Zustand bekommt. So darf der Hausstaub nur wenige Tage alt sein, man muss auf das Lüftungsverhalten in dieser Zeit achten und der Staubsauger, mit dem die Erstreinigung vor der Probenahme erfolgt, sollte mindestens einen HEPA-Filter haben usw. Warum schreibe ich das? Weil eine fachgerechte Sanierung wirklich einen Fachmann braucht. Deshalb würde ich mich an einen Baubiologen in der Nähe wenden. Fachgerechte Hilfe und passende Ansprechpartner vor Ort gibt es zum Beispiel beim Institut für Baubiologie und Nachhaltigkeit in Rosenheim oder beim Verband Deutscher Baubiologen. Letztere haben auch eine kostenlose Gesünder-Wohnen-Telefonnummer. Dort sollte man nach einem Baubiologen in der Nähe fragen, der auf Pyrethroide/Innenraumschadstoffen spezialisiert ist.
Bei allen Dienstleistern gilt: Es sollte immer ein Kostenvoranschlag eingeholt werden, in dem alle Positionen aufgelistet sind, inklusive abschließender Qualitätskontrolle.

Meine Erfahrungen als ehemalige Baubiologin und Sachverständige: Viele Kunden haben nach meinem Ratschlag wegen enger Finanzen, auf eigene Faust geputzt, belichtet und geölt und nach eigenen Angaben recht schnell eine deutliche Besserung ihrer Gesundheit erzielt. Die Situation wird langfristig auch wegen der Halbwertszeiten nach und nach besser. So lange lebt man im Ungewissen, ob die Dosis zu Hause schädlich ist und man nimmt auch ein gewisses gesundheitliches Risiko in Kauf. Ein Fachmann hinzuziehen und eine schnelle, fachgerechte Schadstoffsanierung durchzuführen, war nur vereinzelt möglich, etwa bei Fällen, in denen der Gesundheitszustand des Kunden oder die Gegebenheiten eine sofortige Reduktion der Belastung auf null eingefordert haben.

Frage 2. Tod des Haustiers

Unsere Katze ist nach zwölf Jahren gestorben. Sie hatte immer mal wieder Flöhe, wurde aber in der Zeit auch immer behandelt, sodass der Flohbefall nie auf uns übergriff. Zuletzt haben wir auf die Flohbehandlung verzichtet, weil es gesundheitlich mit ihr zu Ende ging. Schlussendlich denken wir, das war ein Fehler, aber seit wir keine Katze mehr haben, haben nun wir die Flöhe. Was können wir tun?

Antwort: Dies ist eine typische Situation, die oft angefragt wird. Das Haustier ist gestorben und die Flöhe weichen auf den Menschen aus. Es gilt zu überlegen, ob man wieder eine Katze ins Haus holt, welche die Flöhe langfristig wieder auf sich zieht und mittels Spot-on auch für die langfristige Flohbekämpfung zuständig ist, oder ob man keine Haustiere mehr möchte. Katzen machen ja auch Freude. Allerdings ist es für die neue Katze das Beste, wenn der Haushalt erst einmal flohfrei gemacht wird.

Wenn es kein Haustier mehr geben soll, dann muss nun an dieser Stelle das Putzprogramm eingeleitet werden und bis zur Flohfreiheit durchgehalten werden. Katzendecken entsorgen und alle Stellen, an denen die Katze sich früher aufgehalten hat, sollten dabei besonders gründlich gereinigt und mit Niem behandelt werden. Wie sieht es im Garten aus? War die Katze dort auch? Dann sollten Sie hier ebenfalls ihre ehemaligen Lieblingsplätze mitbehandelt. Nach ein bis zwei Wochen sollte der Flohbefall bereits deutlich nachgelassen haben. Das kann man mit einer Flohlichtfalle recht schnell überprüfen (vor Putzprogramm 15 Flöhe in der Falle, nach einer Woche zwei Flöhe wäre z. B. nur noch ein Floh ein gutes Indiz zur Besserung). Wenn man nach einer Woche gar nicht mehr gebissen wird, ist das natürlich das viel schönere Indiz, dass die Putzerei zum Erfolg führt.

Aber auch weniger Bisse zeigen, dass man auf dem richtigen Weg ist. Dranbleiben ist wichtig, bis das Problem ganz verschwunden ist.

Frage 3. Stiche nach dem Urlaub

Wir sind vor einer Woche aus dem Urlaub von Bali zurückgekommen. Wir hatten die Stiche schon im Hotel dort bemerkt und gehofft, das seien nur Mücken. Doch seit unserer Heimreise werden wir immer noch vom gleichen Stichbild heimgesucht. Können das Flöhe sein und was können wir tun?

Antwort: Hier hört meine Beratungssicherheit eindeutig auf. In tropischen Ländern gibt es andere stechende Insekten, die ähnliche Bissspuren hinterlassen wie Flöhe. In Ländern wie Madagaskar können Flöhe auch noch die Pest verbreiten. Daher wäre ich nach einem Aufenthalt in den Tropen immer besonders aufmerksam, wenn ich gestochen werde oder worden bin. Daher würde ich das Gesundheitsamt kontaktieren, eine Uniklinik mit entsprechend versierten Fachärzten oder das nächste Tropeninstitut aufsuchen. Auch das Robert-Koch-Institut hat die passenden Ansprechpartner. Und ja, theoretisch kann es sein, dass Sie Flöhe mitgebracht haben.

Frage 4. Flöhe im Auto

Wir hatten bis vor Kurzem einen Hund und nun Flöhe. Im Haus haben wir sie weg, aber aus dem Auto bekommen wir sie nicht. Was können wir da tun? Gift wollen wir keines einsetzten, da wir oft im Auto unterwegs sind.

Antwort: Das Problem beim Auto sind die Flächen unter den Sitzen und die vielen kleinen Stellen, an denen der Staubsauger nicht richtig hinkommt. Daher würde ich wie folgt vorgehen: Ein Wochenende oder eine Woche suchen, in dem Sie das Auto nicht nutzt oder ein autofreies Wochenende einplanen. Davor das Auto gründlich saugen (am besten an der Tankstelle) dann die Poster und die Ritzen unter den Sitzen mit Niem einsprühen und alles abtrocknen lassen. Unter den Sitzflächen und in den Ecken des Kofferraums und überall, wo der Staubsauger nicht hingekommen ist, etwas Kieselgur streuen. Das Auto dann sofort verlassen und die Türen schließen. Im besten Fall lassen Sie das Auto in der Sonne eine Woche stehen. Rütteln Sie einmal am Tag von außen dran, damit sich etwas bewegt. Wenn es im Auto warm ist, dann herrschen gute Bedingungen für Flöhe. Durch das Rütteln kommt der Untergrund in Bewegung und die Puppen schlüpfen. Je schneller alle Puppen geschlüpft sind, desto schneller kann Kieselgur die Tiere austrocknen. Nach zwei Tagen sollte sich die Kieselgur abgesetzt haben (meist ist das binnen weniger Stunden schon geschehen).

Bevor Sie das Auto wieder nutzt, sollten Sie es vollständig aussaugen. Eventuell sollten Sie die Sitze einmal ausbauen, um auch dort die Kieselgur zu entfernen.

Übrigens: In einem heißen Sommer können Sie das Auto in die Sonne stellen. Legen Sie ein Thermometer unter den Sitz. Je nach Autofarbe wird es im Auto so heiß, dass im Inneren (auch an den schattigsten Stellen, etwa unter dem Sitz) Temperaturen herrschen, die Flöhe töten. Ich würde aber nicht per se davon ausgehen, dass dies bei jedem Auto passiert. Dies hängt wie gesagt von der Farbe, aber auch von der Luftzirkulation (und somit der Wärmeverteilung) im Auto und von seiner Bauweise ab. Nachmessen lohnt sich.

Frage 5. Behandlung nicht kochbarer Wäsche

Wir saugen, wischen und putzen was das Zeug hält. Leider beherbergt unsere Garderobe einige Kleiderstücke, die nicht bei 60 °C gewaschen werden können und Ledermäntel, die man gar nicht waschen sollte. Wie können wir diese behandeln?

Antwort: Diese Frage landet immer wieder bei mir. Es gibt die Möglichkeit, nicht waschbare Sachen in die Reinigung zu geben. Die Reinigung sollten Sie darauf hinweisen, dass dies Kleidung aus einem Flohhaushalt ist und diesbezüglich auch gereinigt werden sollte - aber ohne Insektizide! Damit werden Sie dann sehen, ob die Reinigung auch mechanische Möglichkeiten wie Heißluft hat, oder Sie bittet, die Reinigung zu verlassen. Manchmal ist das so.

Einfrieren bei minus 18 °C für einen Tag hilft gegen den großen Teil der Eier, Larven und Flöhe. Die Puppen überleben dies aber mitunter. Zur Reduktion ist dies ja schon mal nicht schlecht, auch wenn ein Restrisiko bleibt. Alles, was Sie erst mal nicht tragen, können Sie an einer unauffälligen Stelle auf die Verträglichkeit mit Niem testen. Wenn das dem Stoff nichts ausmacht, würde ich die Wäsche mit Niem einsprühen, trocknen lassen und anschließend in einen Sack packen und mit Kieselgur bestäuben. Den Sack verschließen und drei Wochen lang täglich schütteln. Danach die Kleider mit FFP3-Filter vor dem Gesicht im Freien ausklopfen und absaugen.

Im Hochsommer kann man die Wäsche auch in schwarze Müllsäcke packen und in die Sonne stellen. Die Temperaturen steigen hier schnell auf über 70 °C. Die Säcke sollten aber nicht zu voll sein und am Tag mehrfach geschüttelt und gewendet werden.

Die Mikrowelle eignet sich nicht wirklich, denn das Stoffgewebe wird im Gerät oftmals geschädigt.

Da es auch Niem-Textilreinigungsmittel gibt, kann man Wäsche, die bei max. 40 °C gewaschen werden kann, mit einem solchen Waschmittel waschen. Erwachsenen Flöhe ertrinken ohnehin, egal bei welcher Temperatur.

Frage 6. Schwangerschaft, Säuglinge und Kleinkinder

Ich bin Mutter eines einjährigen Kleinkindes und selbst wieder im dritten Monat schwanger. Daher bin ich körperlich und nervlich gar nicht in der Lage, den Putzumfang zu leisten, den ich leisten müsste und scheue mich auch vor Niem und Kieselgur. Haben Sie einen Rat für mich?

Antwort: Zu aller erst: Geben Sie acht auf sich und die Kinder! Fragen Sie bei Ihrer Krankenkasse nach, ob Sie berechtigt sind, sich eine Haushaltshilfe auf Krankenkassenkosten zu holen, eventuell sprechen Sie vorher mit Ihrem Gynäkologen über die häusliche Belastung und dass Sie dringend Hilfe brauchen. Die Krankenkassen sind dann einsichtiger. Wenn die Krankenkassen nichts zuschießen, überlegen Sie, ob es Ihnen helfen würde, wenigstens für einen Monat einmal oder zweimal die Woche eine Putzfrau zu engagieren. Diese kann Ihnen die schwere körperliche Arbeit abnehmen, etwa das Absaugen von Matratzen oder das Rücken des Sofas oder was immer Ihnen besonders zu schaffen macht. Auch kann die Putzfrau die erste Grundreinigung übernehmen und einen Teil der Spielsachen waschen, die Sie für eine Weile wegräumen sollten, um die nächsten Wochen wenige putzen zu müssen. Machen Sie es sich so einfach wie möglich und scheuen Sie sich nicht, Freunde, Familie und Mann zu bitten, Ihnen bestimmte Aufgaben abzunehmen. Sie sind nicht allein und in Ihrem Zustand helfen die Menschen gern! Auch beim örtlichen und/oder kirchlichen Sozialdienst kann man sich Hilfe holen. Das wichtigste ist Ihre Gesundheit und die Ihrer (ungeborenen) Kinder!

Frage 7. Katze, Hund und Igel

Wir leben sehr ländlich. In unserem Garten wohnt ein Igelpärchen, und wir haben drei Katzen und einen Hund. Leider schleppen die Tiere immer wieder neue Flöhe ein. Wir sind das schon gewohnt, aber vielleicht gibt es ja eine Möglichkeit, den Befall irgendwie dauerhaft zu reduzieren?

Antwort: Wildtiere können immer wieder eine Quelle für Flöhe sein. Deswegen sollte man sie aber nicht aussperren. Vielleicht kennen Sie einen Wildhüter, Förster oder Jäger, der weiß, wo eine Quelle für Flöhe sein könnte, z. B. ein Dachsbau. Manchmal lässt sich der Igel im Garten finden und mit Kieselgur behandeln. Der ist sicher auch froh, wenn er die Plagegeister los wird. Hund und Katze sollten beim Tierarzt vorstellig werden und mit einem Spot-on behandelt werden. Auf diese Weise wird bei kontinuierlicher Behandlung (in Absprache mit dem Tierarzt auch Behandlungspausen einlegen) die Umgebung inkl. Wohnraum mitbehandelt.

Ferner würde ich in der Umgebung einen Rundgang machen und nach Orten Ausschau halten, die als potenzielle Flohhorte infrage kommen. Ich selbst habe Ansammlungen von Flöhen schon an

Komposthaufen beobachtet, in Schuppen oder Freizeithütte, überall dort, wo Tiere eine Weile Unterschlupf finden können oder Beute finden. So jagen z. B. Katzen gern Mäuse in und um den Komposthaufen. Vogelnistkästen und Rattenbauten sind auch sehr beliebt bei Flöhen. Mäuse verstecken sich im Winter in Freizeithütten und Scheunen dienten von jeher allen möglichen Tieren als Unterstand. Eventuell können Sie mit den Besitzern sprechen und gemeinsam gegen die Flöhe vorgehen. Auf dem Land ist dies allerdings eine dauerhafte Aufgabe, mit der man sich arrangiere muss.

Frage 8. Bettwanzen

Seit ich eine Weile im Hotel gewohnt habe, muss ich mir Bettwanzen mit nach Hause gebracht haben. Ich bin mir aber nicht sicher. Woran erkenne ich diese und was kann ich da tun?

Antwort: Bettwanzen machen andere Bissspuren. Meist sieht das aus wie eine kleine Straße, auf der Gänse ihre Fußspuren hinterlassen haben. Sie stechen also in kürzeren Abständen (sie können ja nicht hüpfen) und eher in einem Linienverlauf. Flöhe haben mitunter ein Bissmuster im Dreieck. Oft ist es bei Flöhen aber nicht ganz einfach zu erkennen, nach welchem Muster sie sich fortbewegen.

Bettwanzen verstecken sich gern in Steckdosenschächten, hinter Fußleisten und anderen "vergessenen Orten". Dort hinterlassen sie bei großem Befall bräunlich-rote Kotspuren, die aussehen wie jene Spritzbilder, die man im Kindergarten mit Zahnbürste, Wasserfarben und Sieb gemacht hat.

Auch gegen Bettwanzen kann man mit Kieselgur vorgehen. Das ist gerade an mit dem Staubsauger schwer zugänglichen Orten hilfreich. Bettwanzen sterben, wenn sie mindestens drei Tage bei minus 18 °C eingefroren werden. Deshalb kommen sie überwiegend in warmen Wohnungen vor und bei uns nicht im Freien: Kalte Winter können sie nicht überleben. Wie der Klimawandel sich auf die Bettwanzenpopulation auswirken wird, wird sich zeigen.

In Indien werden Bettwanzen bekämpft, indem man rings ums Bett Bohnenblätter legt. Dort bleiben sie hängen! Die Blätter werden dann eingesammelt und mit den Bettwanzen verbrannt.

Frage 9. Chemikaliensensibilität

Ich leide an einer schweren Chemikaliensensibilität. Darf ich Niem und Kieselgur verwenden? Ich habe Flöhe zu Hause.

Antwort: Bei Niem wäre ich vorsichtig, da dies immer mit einer Trägersubstanz ausgebracht wird. Meist ist das Alkohol und oft wird dem auch noch ein Duftstoff zugesetzt wie Geraniol. Die Liste der Inhaltsstoffe würde ich daher sehr genau studieren und erst einmal vorsichtig an einem Tuch testen, ob Sie das vertragen. Manche Hersteller sind bereit, einem eine Duftprobe oder ein Probefläschchen zu schicken, sodass man nicht gezwungen ist, eine ganze Flasche zu kaufen, die man anschließenden nicht verwenden kann. Das Tuch bzw. die Duftprobe lässt sich dann zur Not rasch aus dem Haushalt entfernen. In schweren Fällen würde ich so einen Test sogar beim Arzt machen, sodass ein Mediziner in der Nähe ist, der schnell Hilfe leisten kann, sollte man darauf stark reagieren. Man weiß ja nie. Kieselgur ist rein vom Inhaltsstoff der Chemikalien unbedenklicher:

Siliciumdioxid. Doch auch hier gilt: Nicht gedankenlos im Raum verpulvern! Es muss unbedingt staubfrei gearbeitet werden und sollte wirklich nur dorthin kommen, wo der Staubsauger nicht hingelangt! Mehr als einen Teelöffel braucht man bei einer intelligenten, gezielten Anwendung mit dem beschriebenen Saugprogramm drumherum nicht für 100 Quadratmeter! Doch da auch Kieselgur mitunter noch mit Zusätzen versehen wird (das ist zwar selten, aber ganz auszuschließen ist es nicht), sollte man auch hier beim Hersteller erst einmal eine kleine Probe anfordern und vorsichtig testen. In jedem Fall hilfreich ist ein Staubsaugerroboter, der ja chemikalienfrei saugt. Beim Neukauf muss allerdings bisweilen auf Ausdünstungen geachtet werden.

Frage 10. Teppiche

In unserer Wohnung liegt überwiegend Teppichboden, darunter auch einige teure Stücke. Nun haben wir uns irgendwo Flöhe eingefangen und diese springen überall herum. Wir saugen wie verrückt, aber das scheint kein Ende zu nehmen. Wir sind verzweifelt. Hilfe!

Antwort: Teppiche sind immer ein Problem. Man kann sie noch so intensiv saugen, irgendwo bleibt doch etwas hängen. Herausnehmbare Teppiche würde ich aus dem Haus entfernen und an eine Teppichreinigungsfirma geben. Diese haben die richtigen Gerätschaften, Teppiche auch in Hinblick auf Flöhe zu behandeln, z. B. mit Hitze in Trockenschränken oder Ähnlichem. Das muss die Firma entscheiden. Auch könnte man die Teppiche eine Weile eintüten und mit Kieselgur behandelt zwischenlagern. Kieselgur lässt sich später wieder herausklopfen, waschen oder absaugen, auch das sollte wegen der Staubentwicklung von einer Fachfirma oder mit einem Feinstaubfilter vor dem Gesicht möglichst im Freien erfolgen.

Schwieriger wird es bei fest verlegten Teppichen. Die beste Methode wäre, diese zu entfernen. Möchte man dies nicht, kann man an einer unauffälligen Stelle etwas Niem aufsprühen und schauen, ob der Teppich das verträgt. Dann wäre ein niemhaltiges Textilshampoo und ein Shampooniergerät für Teppiche und Polstermöbel, das man bei Reinigungsfirmen oder im Baumarkt ausleihen kann, eventuell eine Option. Auch wenn das erst mal nach viel Arbeit klingt: Der Teppich freut sich über eine Reinigung und Hausstaubmilben werden mit dem Niem ebenfalls bekämpft. Einmal gereinigt wirkt das Niem über mehrere Monate. Sollte noch irgendwo eine Puppe sein, kann daraus zwar ein neuer Floh schlüpfe, aber die Larven, die dann aus seinen Eiern schlüpfen, werden sich nicht weiterentwickeln können.

Kieselgur auf eigenen Faust auf dem gesamten Teppich zu geben, kann ich nicht empfehlen. Durch das Laufen auf dem Teppich wird über eine lange Zeit immer wieder Kieselgur an die Luft abgegeben. Im Wohnraum ist eine flächenmäßige Anwendung daher nicht zu empfehlen.

Frage 11. Büro

Ich arbeite als Angestellte in einem kleinen Büro in einem Altbau und habe den Verdacht, dass die Flöhe dort ihren Ursprung haben. Ich schäme mich aber, etwas zu sagen. Wie gehe ich am besten vor - gegenüber meinem Chef und meinen Kollegen?

Antwort: Kommunikation ist alles. Wenn Sie sich nicht trauen, an Ihren Chef heranzutreten, dann gehen Sie den Weg zum Hausmeister oder zur Hausverwaltung des Gebäudes. Es ist ja kein "Mitarbeiterproblem", sondern eines, das mitunter das ganze Haus betrifft. Wenn Sie eine Kakerlake oder Ratte sehen würden, wäre auch die Hausverwaltung der erst Gang. Vielleicht gibt es irgendwo ein Rattennest, in dem die Flöhe ihren Ursprung haben? Bitten Sie die Hausverwaltung oder den Hausmeister einen Aushang zu machen, damit die Mitarbeiter der Büros oder die Bewohner des Hauses auf einen eigenen Flohbefall achten. Mit der Bitte um Rückmeldung wird sich schnell zeigen, in welchen Büros oder Wohnungen im Haus ebenfalls Flöhe auftreten. Wenn Sie sich schämen, dann warten Sie, bis der Aushang hängt, dann gehen Sie zu Ihrem Chef und sprechen Sie ihn darauf an, dass Sie einen Flohbefall festgestellt haben. In einer Teambesprechung sollte ein dezenter Hinweis kommen, dass es den Hinweis von der Hausverwaltung gib und in diesem Büro wohl Flöhe herumspringen. Auf diese Weise haben sind alle gewarnt und haben den Fingerzeig auf sich umgangen.

Frage 12. Kontamination

Wir haben Flöhe zu Hause. Nun habe ich Angst, Freunde einzuladen oder zu Freunden zu gehen, bzw. habe ich ein sehr ungutes Gefühl, wenn ich mich unter Leute mische. Ist das gerechtfertigt? Wie hoch ist die "Ansteckungsgefahr"? Und warum bekommt mein Mann keine Flöhe?

Antwort: Es gibt keine Meldepflicht für Flöhe und allein das zeigt, dass es keine Möglichkeit gibt festzustellen, woher der Flohbefall stammt. Woher haben Sie Ihre Flöhe? Haben Sie einen Verdacht? Meist ist das die Katze des Nachbarn. Aber vielleicht haben Sie die Flöhe von einem Elternabend in der Schule mitgebracht? Oder bei einem Kinobesuch bekommen? Oder im Restaurant? Wer weiß das schon. Flöhe kennen keine Grenzen. Sie springen herum und wechseln den Wirt, wenn sie meinen, es geht ihnen woanders besser. Das macht sie so erfolgreich. Deswegen sind sie nun bei Ihnen gelandet. Die "Ansteckungsgefahr" lauert im Alltag also überall. Bei Haustierbesitzern ist sie etwas größer, im Wald in der Nähe eines Wildwechsels oder Fuchsbaus aber auch. Sind in Ihrem Freundeskreis Jäger, Katzenbesitzer oder Tierarztgehilfen, können die Flöhe auch von dort stammen. Man weiß es nicht. Es spielt auch keine Rolle. Wichtiger ist, Ihre Freunde freundlich darauf hinzuweisen, dass Sie aktuell ein Flohproblem haben und nicht wissen, wo das herkommt. Vielleicht haben Ihre Freunde das gleiche Problem und trauen sich nicht, es auszusprechen. Flöhe sind ein Tabuthema. Keiner gibt gern zu, dass er welche hat. Das hat einen Touch von sozialer Unterschicht - völlig ungerechtfertigt, denn ich habe auch Anfragen von Besserverdienern.

Mit diesem Wissen ist es Ihnen hoffentlich möglich trotz Flohbefall ein "normales" Sozialleben zu führen. Auch hilft es zu wissen, dass Flöhe eigentlich recht "wirtstreu" sind. Sie wechseln also gar nicht so häufig den Menschen, wie man meinen könnte. Dennoch sollte man fairerweise z. B. auf Elternabenden kundtun, dass man aktuell ein Flohhaushalt ist, dass es für Flöhe keine Meldepflicht gibt und dass die Eltern einmal einen Blick auf eventuell Katzen oder Hunde im eignen Haushalt werfen sollen, denn es kann sein, dass ein Floh unentdeckt bleibt, dann auf ein Kind wechselt, in der Schule auf ein anderes Kind springt und so nach Hause gekommen ist. Bei der Flohbekämpfung sind alle gefragt. Läuse hingegen müssen gemeldet werden. Jeder der Kinder hat, weiß, dass dies nichts mit einem sozial

                    Flöhe, die (un-)heimliche Page

geringeren Status zu tun hat, sondern einfach damit, dass Kinder diese sozialen Schranken zu Glück nicht kennen und einfach gern ihre Köpfe zusammenstecken. Flöhe kennen diesen sozialen Status ebenfalls nicht, sind aber auch nicht auf das Zusammenstecken von Köpfen angewiesen.

Nach mehreren Hundert Anfragen kann ich sagen, dass es eine Tendenz gibt, dass Frauen häufiger gestochen werden als Männer. Das liegt wahrscheinlich daran, dass Frauen nach wie vor überwiegend den Haushalt machen und auch die Kinderbetreuung übernehmen, sich um die Haustiere kümmern, auf Elternabende gehen, die Gartenarbeit machen usw. Sie haben also tendenziell mehr Kontaktmöglichkeiten mit Flöhen und bewegen in der Wohnung mehr, aktivieren diese also. Sitzt der Floh an einem dran, wechselt er so schnell nicht. Ich habe meinen über Tage mit mir herumgetragen, ehe ich ihn endlich in der Badewanne ertränken konnte. Das sind gewitzte und recht treue Biester. Sie stechen aber auch Männer.

Frage 13. Mietshaus

In unserem Mehrfamilienhaus müssen irgendwo Flöhe sein. Wir bekommen immer wieder neue Flöhe, wenn wir durchs Treppenhaus laufen. In der Wohnung bekommen wir die Flöhe dank Niem und Kieselgur und den von Ihnen beschriebenen Maßnahmen recht schnell in den Griff, aber die Flöhe kommen immer wieder. Wie gehen wir hier vor?

Antwort: Zuerst sollte die Hausverwaltung darüber informiert werden. Ein Aushang über einen Flohbefall würde helfen, die Hausbewohner zu sensibilisieren. Eventuell ist der betroffene

Haushalt sich gar nicht bewusst, dass er Flöhe beheimatet und für einen solchen dezenten Hinweis dankbar. Bei einem schwierigen Befall sollte ein baubiologisch arbeitender Schädlingsbekämpfer ein Konzept erstellen und dieses umsetzten, denn in einem größeren Gebäude ist der Befall mit einzelnen Maßnahmen auf eigene Faust, kaum in den Griff zu bekommen.

Auch Gespräche mit den Nachbarn können helfen, zu klären, woher der Befall kommt und ob noch andere davon betroffen sind. Dies sollte frei von einem Vorwurf und in ruhigem, freundlichem Ton erfolgen, denn woher die Flöhe wirklich kommen, wird man nie klären können. Letztendlich wird keiner gern gestochen, damit sollten alle das gleiche Ziel haben: ein flohfreies Zuhause.

Es kann helfen, sich einen externen Gesprächsführer oder Ombudsmann hinzuzuziehen, der die Gespräche objektiv und neutral führt. Meist kochen dabei die ohnehin angespannten Emotionen weniger hoch und es wird schneller eine Lösung gefunden. Ein Baubiologe kann z. B. eine solche Aufgabe übernehmen.

Frage 14. Kuscheltier, Spielzeug und Co.

Meine Tochter (zwei Jahre) hat Stiche am Körper. Wir vermuten Flöhe. Muss ich nun alle ihre Spielsachen und Teddys jeden Tag waschen? Was ist mit den Legosteinen und Spielkisten, die auf dem Boden stehen? Ich kann das alles unmöglich jeden Tag einer Grundreinigung unterziehen.

Antwort: Eine Grundreinigung von Spielzeug und Co. ist nicht jeden Tag nötig. Floheier brauchen vier bis zwölf Tage, bis aus ihnen Larven schlüpfen. Wenn die Teddys also einmal gewaschen wurden, lässt ein eventuell neu darauf herumhüpfender Floh darauf wieder neue Eier fallen. Die Grundreinigung von frisch gewaschenen Sachen wäre somit alle drei Tage notwendig, solange der Befall besteht. Man kann sich das Leben leichter machen, wenn ein Großteil der Teddys und Spielsachen nach der Reinigung erst einmal mit Niem besprüht und dann gut verpackt andernorts gelagert wird. Kinder brauchen nicht jedes Spielzeug jeden Tag. Das überfordert sie ohnehin. Die Teddys dürfen auch einmal "verreisen" und nur der Lieblingsbär bleibt im Kinderzimmer. Lassen Sie Ihre Fantasie spielen, vermisst Ihr Kind eine bestimmte Puppe plötzlich, kann der Lieblingsbär diese ja aus dem "Urlaub" abholen (er selbst wandern dann in die Waschmaschine, dafür erscheint die Puppe natürlich mit einer spannenden Urlaubsgeschichte). Auch sind Spielzeuge nach ein paar Tagen aus dem Sinn plötzlich für Kinder wieder deutlich spannender. Auf diese Weise reduzieren Sie für ein paar Wochen den Putzaufwand erheblich.

Dann sollten Sie auch schauen, wo sich Flöhe wohlfühlen: Die Larven findet man im Hausstaub, sie werden also überall dort sein, wo sich Staub gut ablagert, etwa in den Ecken von Spielzeugkisten, nicht unbedingt auf der Oberfläche eines Legosteins. Dort, wo sich "Staubmäuse" oder Schmutzansammlungen befinden, gehört verstärkt geputzt und gesaugt. Was nicht gewaschen werden kann, wird mit Niem eingesprüht. Als Notlösung kann auch das Einfrieren bei minus 18 °C funktionieren, allerdings gilt es da zu beachten, dass es *keine* 100 %ige Lösung ist. Eier, Larven und Flöhe werden diese Temperaturen zwar zum großen Teil nicht überstehen, aber zehn Prozent der Population befinden sich in Puppenruhe und diese überstehen zum Teil die Prozedur. Aus eingefrorenen Plüschtieren wird also hernach ein erwachsener Floh schlüpfen können, daher könnte eine Möglichkeit darin bestehen, nach dem Tiefkühlen die Stofftiere in einen Beutel zu stecken und diesem etwas Kieselgur beizufügen. Die Stofftiere in diesem Beutel täglich zwei bis drei Wochen lang schüttend unter Quarantäne stellen. Danach sollten unter guten Bedingungen die Flöhe geschlüpft sein und direkt mit Kieselgur ausgetrocknet worden sein. Nun die Stofftiere noch einmal in die Waschmaschine stecken, um Kieselgur zu entfernen und der Spuk ist vorbei - wenigsten für die Kuscheltiere.

Im Hochsommer kann es auch eine Lösung sein, sämtliche Sachen in schwarze Plastiksäcke zu stopfen und diese in die volle Sonne zu stellen. Ich habe in so einem schwarzen Müllsack in der Mittagshitze Temperaturen von deutlich über 70 °C gemessen, also Temperaturen, die selbst die hartnäckigen Puppen nicht ohne weiteres überstehen - ganz ohne Chemie. Eine Sauna, der Backofen oder die Mikrowelle kann hier auch helfen, allerdings sind diese Optionen nicht für alle Gegenstände geeignet (zu viel Feuchtigkeit, zu hohe Stromkosten, zu wenig Platz, Metallteile, hitzeempfindlich)! Ich übernehme keine Haftung für Schäden aller Art!

Frage 15. Das Problem aussitzen

Bei uns war letzte Woche ein Kammerjäger und meinte, wir können das Problem mit den Flöhen aussitzen, weil sich Katzenflöhe nicht am Menschen vermehren können. Ich bin unsicher. Stimmt das?

Antwort: Klares nein. Das weiß ich schon deshalb, weil wir bei unserem eigenen Flohbefall den Zuwachs der ersten Generation live verfolgen konnten. Wir haben keine Katze. Die Flöhe haben sich also

Flöhe, die (un-)heimliche Page

von uns ernährt und sich fleißig reproduziert. Katzenflöhe können durchaus lange Zeit am Menschen leben und sich mit ihrem Blut auch vermehren. Sie sind zwar auf Katzen spezialisiert, aber nicht so sehr, dass sie in Ermangelung einer solchen alle sterben. Außerdem: Flohpuppen überdauern bis zu neun Monate. Es "aussitzen", würde also vermutlich einige Jahre Sitzfleisch erfordern, noch dazu, wenn eventuell eine verflohte Katze irgendwo in der Hausumgebung wohnt und man immer neu kontaminiert wird und sich die Plage im Umfeld vermehren kann. So ein Rat kann nur jemand geben, der selbst noch nie über Wochen von quälendem Juckreiz heimgesucht wurde, von der Scham, die man bei einen Flohbefall verspürt und dem psychologischen Effekt mal ganz abgesehen.

Frage 16. Holzboden

Wir wohnen in einem alten, sehr großen Bauernhaus mit Ständerfachwerk, Holzdielen und vielen Fugen. Haben wir da überhaupt eine Chance, die Flöhe selbst zu bekämpfen?

Antwort: Erst einmal herzlichen Glückwunsch! In so einem Haus zu wohnen ist der Traum vieler, auch wenn dies für Sie aktuell wie ein Albtraum aussieht.

Versuchen wie das Haus Raum für Raum und Stockwerk für Stockwerk durchzugehen. Wanddurchdringungen oder Fugen lassen sich z. B. am Wandanschluss mit Klebeband abkleben. In Räumen, die für ein paar Tage nicht genutzt werden (müssen), kann man vorsichtig etwas Kieselgur in die größten Ritzen streuen. Wenn sich das nach einigen Stunden abgesetzt hat, laufen Sie ein wenig auf dem Fußboden herum, damit sich Kieselgur tiefer in den Ritzen verteilt. Dann stellen Sie an sicheren Orten Flohlichtfallen auf und verlassen Sie die Räume für einige Stunden. Schlafen sollte hier die nächsten Nächte niemand und auch den Raum betreten sollte man nur, um zu lüften. Nach einer Woche saugen Sie den Raum gründlich aus, wenn dieser wieder bewohnt werden soll. Wenn nicht, können Sie Kieselgur auch länger liegen lassen. Eventuell finden Sie Flöhe am Klebeband über den Trittschallfugen. Bleiben Sie positiv: Nun wissen Sie, dass Ihr Flohbefall überwiegend unter dem Fußboden sitzt. Völlig ausgehungerte und mit Kieselgur in Kontakt gekommene Flöhe werden Sie gierig anspringen. Das sehen Sie am besten, wenn Sie sich auf ein weißes Bettlaken stellen und etwas warten. Auf diese Weise können Sie auch erkennen, wie groß der Befall ist. Sprühen Sie Niem überall. Es kann sein, dass vereinzelt noch Flöhe aus den Puppen schlüpfen, daher ist das Saugen in den nächsten Wochen unvermeidbar. Einen Staubsaugerroboter kann ich Ihnen nur wärmstens an Herz legen! Sollten diese "Nachzügler-Flöhe " Eier legen, können sich daraus wegen des Niems keine Flöhe mehr entwickeln. Ist der Befall im Fußbodenaufbau, hilft es nur, den Fußboden auszubauen, oder Sie versuchen hartnäckig dran zu bleiben. Ist im Raum aber nichts festzustellen, kein Floh zu finden, dann machen Sie dasselbe mit dem nächsten Raum. Ganz klar, Sie müssen bei so einem großen und alten Haus immer damit rechnen, dass Flöhe jederzeit wieder auftreten können und das die Bekämpfung sehr langwierig werden kann. Eine chemische Behandlung kann aber gerade, weil das Haus so groß und alt ist, sehr teuer werden und eine Garantie für die dauerhafte Wirksamkeit gibt es nicht. Wenn Sie Flöhe mit konventionellen Bekämpfungsmitteln eliminieren lassen, werden Sie noch lange mit den Altlasten der chemischen Keule zu kämpfen haben. Auch wenn das etwas ist, das Sie nur ungern lesen möchten: Solange Sie die Flöhe selber bekämpfen, sollten Sie sich mit ihnen einigermaßen arrangieren. Sie bekommen das Problem in Griff, aber es wird einige

Zeit in Anspruch nehmen. Wichtig ist, dass Sie schauen, ob die Ursachen nicht vielleicht im Außenbereich zu suchen sind. So können etwa Vogelnestern, Nistkästen, streunende Katzen oder ähnliches für einen ständigen Neubefall verantwortlich sein. Um das etwas einzugrenzen, lohnt es sich, die Flöhe zur Bestimmung einzuschicken, denn wenn dies überwiegend Vogelflöhe sind, ist die Ursache entweder im Hühnerstall oder bei freilebenden Vögeln oder am Haus befindlichen Vogelnestern zu suchen.

Frage 17. Teppichboden

Wir haben in der ganzen Wohnung Teppichboden und haben einen Flohbefall festgestellt. Was muss ich tun?

Antwort: Teppich ist ein Problem. Man bekommt ihn wirklich kaum frei von Floheiern und Laven. Daher sollte man sich überlegen, ob es nicht sinnvoller ist, den Fußbodenbelag auszutauschen, vor allem in Bereichen, in denen man sich häufig aufhält, etwa dem Wohnzimmer, dem Schlafzimmer oder den Kinderzimmern. Der Fußboden lässt sich auch nach und nach ersetzten und z. B. gegen ein schönes Linoleum oder Korkböden. Wichtig ist, dass man beim Ausbau des Teppichs dafür sorgt, dass die Eier nicht quer durch die Wohnung geschleudert werden, daher sollte der Teppich vor dem Ausbau z. B. mit Haarspray eingesprüht oder mit einer tapetenkleisterhaltigen Lösung eingekleistert werden, sodass die Oberfläche einigermaßen klebrig und fixiert ist. Bahnweise wird der Teppich eingerollt und sofort in dicke Müllsäcke verpackt, eingeschnürt und auf dem kürzesten Weg aus der Wohnung geschafft und am besten direkt entsorgt. Den Untergrund (meist Estrich) ist gut abzusaugen und auch die Trittschallfugen, an die man nun prima herankommt, gründlich auszusaugen. Hier ist ein Industriesauger sehr hilfreich, da er deutlich mehr Leistung hat wie ein Haushaltstaubsauger und Stäube nicht hinten einfach wieder herauspustet. Bevor der neue Boden eingebaut wird, sollte in die Trittschallfugen etwas Kieselgur gestreut werden. Linoleum, Korkboden und fugenfrei verlegtes Parkett lassen sich sehr viel einfacher reinigen als Teppichboden.

Wer seinen Teppich doch irgendwie retten möchte, kann versuchen, mit einem Teppichreinigungsgerät, das man z. B. in Polstereien oder größeren Baumärkten leihen kann, den Teppich zu behandeln. Dafür eignet sich ein niemhaltiges (Teppich-)Shampoo oder ein niemhaltiger Reiniger, den man ins Reinigungsmittelfach des Gerätes füllt. Bitte fragen Sie beim Verleih nach, ob sich das Mittel, das Sie dafür verwenden möchten, auch für das Reinigungsgerät eignet. Alternativ kann gängigen Teppichreinigungslösungen auch einige Tropfen Niemextrakt zugefügt werden.

Stellen Sie sich aber darauf ein, dass Sie länger und mitunter erfolglos gegen das Flohproblem kämpfen. Sie müssten den Teppich wirklich zu 100 % überall reinigen, also auch unter den Schränken und in Ecken, in denen Sie mit dem Staubsauger womöglich einfach nicht hinkommen. Daher kann ich nur empfehlen, Zimmer für Zimmer den Fußboden auszutauschen und am besten mit dem Raum anfangen, in dem Sie am meisten gestochen werden bzw. in dem Sie oder Ihre Familienmitglieder sich am meisten aufhalten.

Teppichläufer lassen sich in einen schwarzen Müllsack geben und mithilfe der sommerlichen Hitze dekontaminieren. Auch kann man etwas Kieselgur in die Säcke geben und diese dann mit dem Teppich gründlich schütteln und ein bis zwei Wochen unter gelegentlichem Rütteln lagern. Dann kann man sie von einer Teppichreinigungsfirma reinigen lassen oder selbst mit einem Teppichreinigungsgerät shampoonieren und Kieselgur so entfernen.

Und zu guter Letzt eine der schönsten Anfragen und deshalb im Original belassen:

Frage 18. Flöhe bei Weltenbummlern im Wohnmobil

(der Original-Blog-Kommentarverlauf)

"Hallo Sindy,
vielen Dank für deinen ausführlichen Artikel und dafür, dass du jeden einzelnen Kommentar so genau beantwortest.
Ich habe selber einen Blog und weiß, wie viel Arbeit damit verbunden ist …

Und da sind wir schon beim Thema: Arbeit!
Arbeit macht es nämlich auch, diese lästigen Viecher wieder loszuwerden. Damit meine ich nicht unsere beiden Hunde, sondern die Flöhe, die sie uns eingeschleppt haben. Ich wurde wochenlang zerbissen und bin gar nicht auf die Idee gekommen, dass es Flöhe sein können, ganz dumm gelaufen.

Letzte Woche bin ich dann zum Glück auf deine Seite gestoßen und halte mich nun genau an das, was du an Tipps gibst. Dadurch, dass wir zu 100 % in einem Wohnmobil leben, ist das ganz schön anstrengend. Schließlich müssen wir zum Waschen in einen Waschsalon fahren und haben uns erst einmal einen Handsauger besorgt.

Nach 10 Tagen kann ich aktuell sagen, dass es ganz gut aussieht. Ich habe nur einen neuen Biss bekommen, sonst bisher nichts. Deinen Artikel habe ich natürlich gerne in meinem Beitrag dazu verlinkt und möchte dir noch mal ausdrücklich Danke sagen! http://abenteuer-unterwegs.de/floehe-im-wohnmobil/

Liebe Grüße Nima"

Antwort: "Hallo Nima,
vielen lieben Dank für Deinen Beitrag. Das Flohbekämpfung im Wohnmobil besondere Herausforderungen birgt, kann ich mir gut denken. Eng, verwinkelt... aber weniger zu saugen als in einer 100 oder 200 Quadratmeter Wohnungen. Insofern drücke ich Dir fest die Daumen, dass es weiterhin gut vorangeht mit der Beseitigung. Das mit dem Wäschewaschen kann ich mir denken, dass das anstrengend ist. Vielleicht hilft für die kleineren Sachen wie Socken (an denen haftet ja besonders gern alles, was am Boden so zu finden ist, inklusive Floheier) oder Unterwäsche ein Eimer, in dem man Wasser mit einen Wasserkocher auf 70 °C kocht und einfüllt. Darin kann dann wenigstens das "Kleinzeug" eingeweicht werden. Aber ich denke, das machst Du ohnehin als erfahrene Wohnmobil-Nutzerin.
"So sauber wie im Moment war der Horst wahrscheinlich noch nie, wenigstens diesen positiven Aspekt können wir verbuchen." Ich musste so lachen. Ja, damit kann jeder "Flohputzer" glänzen.
Dir weiterhin alles Gute und gute Reise
Liebe Grüße von einer sesshaften Sindy"

Feedback: *"Liebe Sindy,
dank deiner Tipps und unserer wilden Putzaktionen bin ich seit fast drei Wochen von keinem Floh mehr erwischt worden! Meine Hoffnung wird täglich größer. Das Wäschewaschen ist wirklich ätzend. Hier in Griechenland gibt es so gut wie keine öffentlichen Waschsalons, super. Aber wir kriegen das hin.
Liebe Grüße Nima"*

Nima ist ihre Flöhe losgeworden, wie man auf ihrem Blog lesen kann. Meinen eigenen Blog habe ich aufgrund von Spamattacken abgeschaltet und daraus eine feste Webseite gemacht. Anfragen können nur noch per Mail erfolgen. Es freut mich aber sehr, dass ich sogar Weltreisenden helfen konnte.

Ein Maßnahmenkatalog: In ein bis zwei Wochen flohfrei

Möglichst schnell flohfrei. Die aussichtsreichste baubiologische Methode, den Flohbefall mit großer Wahrscheinlichkeit ganz massive zu reduzieren und sogar gar zu beseitigen, heißt so viele der hier aufgelisteten Punkte umzusetzen, wie möglich.

- Bettwäsche abziehen und bei 60 °C oder mehr reinigen, trocken und mit Niem besprühen. Die Matratzen(-aufleger) gründlich absaugen und mit Niem besprühen. Das Bett neu beziehen.

- Das Sofa gründlich absaugen, besonders in den Ritzen und unter der Couch. Alles mit Niem besprühen.

- Bettmatratze und Sofa, ebenso alle Orte, an denen man sich am Tag häufig aufhält, sollen in den ersten zwei bis drei Wochen täglich mindestens einmal, besser zweimal abgesaugt werden.

- Die gesamte Wohnung wenigstens vom Fußboden bis Kniehöhe gründlich saugen. Alles! Saugen Sie auch die Kleiderschränke aus, vor allem in den Ecken. Kleidung, die von etwa Hüfthöhe bis Fußboden verstaut war, kommt in verschließbare Beutel und wird nach und nach möglichst heiß gewaschen. Erwachsene Flöhe ertrinken. Das Problem sind in Kleidern die Floheier, die aber ab 60 °C sterben. Wäsche, die nicht so heiß gewaschen werden kann, sollte mit Waschmitteln auf Niembasis (es reicht auch ein letzter

Spülgang mit einem niemhaltigen Weichspüler) gewaschen werden.

- Den Kleiderschrank mit Niem behandeln.

- Die Fußmatten vor der Haustür unbedingt mit Niem einsprühen, ebenso alle Schuhe (eventuell können diese auch in die Waschmaschine gesteckt werden)

- Fußleisten und Fußboden gründlich saugen. In Ritzen wie Trittschallfugen oder Dielenritzen alter Holzböden vorsichtig Kieselgur hineinrieseln lassen. Wer das nicht kann/darf, kann auch hier mit Niem sprühen, muss aber die nächsten Tage täglich am besten zweimal (morgens und abends) saugen.

- Arbeiten Sie sich Raum für Raum vor. Beginnen Sie dort, wo Sie die Stiche zum ersten Mal bemerkt haben (meist ist dies das Schlaf- oder Kinderzimmer oder in der Nähe des Schlafplatzes von Haustieren), dann weiter zu den Räumen, in denen Sie sich länger hinsetzen (heimischer Arbeitsplatz oder Wohnzimmer, sind Kinder befallen, auch die Kinderzimmer) und der Flur, wo ständig jemand hindurch läuft und schließlich der Rest.

- Vermuten Sie einen Befall aus oder im Dachboden oder Keller, sollten Sie einen Schädlingsbekämpfer zurate ziehen. Manchmal können Tiere wie Mäuse, Ratten, Mardern, herumstreunende Katzen, Fledermäuse oder andere Säuger Flöhe mitschleppen. Gerade bei Ratten ist es aus gesundheitlichen Gründen nicht zu empfehlen, die

Bekämpfung und Entsorgung der Tiere selbst zu
übernehmen.

Wer einen Dampfreiniger hat, kann auch diesen ausgiebig
auf allen geeigneten Flächen einsetzten. Heißdampf über 60
°C tötet erwachsene Flöhe ebenso wie sämtliche Flohlarven.
Anschließend sollte gründlich gelüftet und getrocknet
werden, um Schimmelbefall vorzubeugen. Sollte zusätzlich
Kieselgur eingesetzt werden, z. B. an schwer zugänglichen
Stellen, die bedampft schlecht abtrocknen würden, empfiehlt
sich Kieselgur erst auszubringen, wenn die Wohnung wieder
vollständig trocken ist und die relative Luftfeuchtigkeit um
die 50 % liegt.

Kieselgur streuen Sie nach dem Saugen an die Stellen, die
Sie die nächsten Tage nicht absaugen können oder wollen,
z. B. in schwer zugänglichen Ecken und in Ritzen oder unter
Schränken und schweren Möbeln, unter die der Staubsauger
nicht passt. Es reicht, wenn Sie einen kleinen "Wall" aus
Kieselgur unter den Schrank schieben, solange die Flöhe hier
vorbei müssen, um unter dem Möbelstück oder aus der Ecke
hervorzukriechen.

Kieselgur bleibt dort drei bis fünf Tage, wird dann
abgesaugt oder noch besser feucht weggewischt und durch
eine neue Kieselgurstaubschicht ersetzt, die wiederum für
drei bis fünf Tage dort verbleibt, nach Belieben auch länger.
Erwachsene Flöhe, die durch Kieselgur gesprungen sind,
sterben gewöhnlich binnen vier bis sieben Tage.

Kleidungsstücke, die Sie tragen, wechseln und waschen Sie
täglich. Wenn Sie nicht sofort waschen können oder wollen,

packen Sie die Wäsche in eine Zipp-off-Beutel oder eine zuknotenbare Tüte und legen diese am besten zusätzlich in die Tiefkühltruhe.

🏴 Wenn Sie das Gefühl haben, ein Floh krabbelt gerade an Ihnen herum, zögern Sie nicht: Springen Sie beherzt mit Kleidung in die Badewanne und tauchen Sie ganz unter. Der Floh ertrinkt in vielen Fällen.

🏴 Haustiere sollen täglich mit einem Flohkamm durchgekämmt werden. Der Tierarzt weiß hier Rat und kennt ein tiergeeignetes Mittel gegen Flöhe. Schlafplätze der Tiere unbedingt mitbehandeln!

🏴 Haben Sie in Ihrem Freundes- oder Bekanntenkreis Hunde- oder Katzenhalter, informieren Sie diese über Ihren Flohbefall. Es kommt nicht selten vor, dass die Tiere Flöhe haben, ohne dass es dem Tierhalter auffällt. Gerade wenn der Befall am Anfang steht oder vorher noch nie Flöhe aufgetreten sind, ist es schwer, auf einen Flohbefall zu tippen. Ob Sie den Floh vom Tier haben oder das Tier Flöhe von Ihnen bekommen hat, spielt keine Rolle. Wichtig ist, dass beide Bescheid wissen, um in den nächsten Tagen und Wochen die Population beobachten zu können, damit es nicht zu einem Bumerang-Befall kommt.

🏴 Wenn Sie viel im Auto fahren, denken Sie daran, auch die Polster und Fußmatten im Auto zu reinigen. Auch hier kann Niem verwendet werden.

Nach zwei bis drei Wochen müsste das Gröbste überstanden sein. Wenn Sie keine Flohbisse mehr haben, verfahren Sie aber noch eine oder besser zwei Wochen weiter so. Das Saugen können Sie allmählich an Ihren gewohnten Rhythmus anpassen.

Lässt der Befall nicht nach, sollten Sie an Flohquellen rund ums Haus denken, die Quellen ausfindig machen und gegebenenfalls auch mit den Nachbarn oder Besitzern von Haustieren Kontakt aufnehmen. Das örtliche Gesundheitsamt kann Ihnen nützliche Informationen hierzu geben.

Einen Neubefall kann man nie ganz ausschließen. Da Niem als Repellent wirkt, werden Sie aber die nächsten Wochen und Monate dank der häuslichen Aktion wahrscheinlich von einem erneuten Befall verschont bleiben. Da Flöhe sich überall in unserer Gesellschaft bewegen können, sind sie allgegenwärtig. Wichtig ist, schnell und effektiv zu handeln, ohne sich dabei dauerhaft langfristig giftigen Mitteln auszusetzen und seiner Gesundheit auf diese Weise zu schaden.

Spezialfälle

Es gibt sie immer wieder, die Anfragen nach den "besonderen Wohnverhältnissen". Hier die drei häufigsten Spezialfälle, welche Flohbekämpfung zu einer echten Herausforderung machen - wobei Flöhe zu beseitigen auch ohne die gleich geschilderten Gegebenheiten bereits eine wirkliche Sisyphus-Aufgabe ist.

Wie reinigt man einen Holzdielenboden?

Das ist wirklich ein sehr schwerer Fall, vor allem wenn es sich um einen alten Dielenboden mit relativ großen Rissen und Ritzen handelt. Meist haben Dielenböden auch noch einen Unterbau, der sich nicht vollständig behandeln lässt.

Dennoch gibt es ein paar Möglichkeiten, die sich individuell umsetzen lassen.

Alte Holzböden wurde vormals mit Marseiller Seife versiegelt. Wenn Sie einen solchen Boden haben, sollten Sie den Flohbefall zum Anlass nehmen, die Versiegelung zu erneuern. An den Trittschallfugen lassen Sie Kieselgur einrieseln. Flöhe, die nun schlüpfen, können nicht mehr durch die Ritzen in den Wohnraum, sondern müssen den Weg über die Trittschallfuge laufen. Dort kommen sie in Kontakt mit Kieselgur und gehen in ein paar Tagen zugrunde. In dieser Zeit kann es durchaus sein, dass Sie immer noch gestochen werden.

Bei nur wenig Ritzen können Sie selbst versuchen, diese abzudichten und/oder Kieselgur hier einzubringen.

Im schlimmsten Fall muss - sofern man die Vergasung mit Gift vermeiden will - der Fußboden ausgebaut werden. Bevor Sie das aber machen, schaffen Sie sich einen leistungsfähigen Staubsaugerroboter an. In einigen Fällen kann der Flohbefall auch bei Holzböden mit vielen Spalten und Ritzen, über die Zeit mit einen täglich zweimal saugenden Roboter stark dezimiert und mit anderen Maßnahmen zusammen ganz beseitigt werden.

Wie geht man mit offenen Wohnräumen um, wenn der Dachboden oder Keller befallen ist?

Hier müssen Sie versuchen, wie in der Schimmelpilzsanierung, einen Schwarz-Weiß-Bereich einzurichten. Zur Not helfen Folien-Durchgänge, die man statt einer dichten Tür eine Zeit lang anbringt, bis man das Problem wirklich eingrenzen kann.

Hilfreich ist je ein Staubsaugerroboter pro Etage, den Sie mindestens zweimal am Tag durchfahren lassen. Markieren Sie die Staubsauerkassette aus einer Etage (z. B. im Dach) mit einem Punkt. Am Anfang wird der Roboter noch recht viel Staub einfangen, aber nach zwei Tagen wird der Inhalt der Kassette sehr übersichtlich. Kleben Sie die Kassettenöffnung zu und stellen Sie die Box einigen Stunden ins Gefrierfach. Anschließend schauen Sie, welche Kassette mehr Flöhe enthält. Hat die Box mit dem Punkt mehr Flöhe, sollten Sie die Priorität erst mal ins Dach verlagern. Ein paar Minuten können Sie den Kassetteninhalt studieren, dann wachen ein paar der Flöhe oder Puppen eventuell wieder auf. Suchen Sie mit einer Lupe braune Punkte, die sich bei entsprechender Vergrößerung schnell als Floh entpuppen. Eine Botanikerlupe mit 40-facher Vergrößerung leistet gute Dienste. Bei dieser Vergrößerung erkennen Sie die typischen Flohsprungbeine sehr deutlich.

Bei einem offenen Loft-Bereich haben Sie nur die Möglichkeit, den Dachbereich wie den normalen Wohnraum zu behandeln und ebenfalls hier die Flohbekämpfung akribisch durchzuführen.

Was tun bei zu viel „Innenausstattung"?

Das Problem begegnet einen partiell auch im Keller oder im Dachboden: Kartons, Werkzeug, offene Regale, kaum Platz, sich zu bewegen. Wenn Sie nicht bereit dazu sind, alles auszuräumen und zu verpacken, haben Sie hier nur mit viel Glück eine Chance. Das erste ist festzustellen, ob in dem vollgestellten Bereich überhaupt ein Flohproblem existiert. Räumen Sie eine kleine Fläche am Fußboden frei und stellen eine Flohlichtfalle auf. Eine elektrische Falle ist aus Sicherheitsgründen besser, als ein Kerze, da Sie den Raum für ein paar Stunden verlassen sollten. Schließen Sie die Tür. Hat der Raum ein echtes Flohproblem, müssten sich hier auch Flöhe in der Falle zeigen. Hat er nur ein kleines Problem, hat sich wahrscheinlich keiner oder höchstens ein Floh hierhin verirrt. Auch in diesem Fall sollten Sie den Raum immer wieder überprüfen, denn wenn eine verirrte Flohkandidatin dort Eier fallen gelassen hat, kann das in vier Wochen wieder ganz anders aussehen.

Sie können versuchen, so viele Gegenstände wie möglich vom Boden wegzubringen. Schaffen Sie so viel freie Bodenfläche wie Sie können und schicken Sie hier regelmäßig den Staubsauger durch. Sprühen Sie Niem in den Raum und in die Winkel und Nischen. Das ist eine Gut-Glück-Maßnahme. Natürlich kann es sein, dass in den hintersten Winkeln Flöhe sitzen, die Sie so nie erreichen. Stellen Sie sich darauf ein, dass die Flohbekämpfung mitunter sehr viel länger dauert.

Wenn der befallene und vollgestellte Bereich nicht mit dem Wohnraum verbunden ist, Sie diesen nicht häufig betreten müssen und Sie diesen z. B. mit einer dicht schließenden Tür gut vom Wohnbereich abtrennen können, dann kann man im Extremfall hier auch die chemische Keule ansetzten. Stellen Sie aber sicher, dass in dem Raum nichts ist, dass Sie die nächste Zeit benötigen. Lebensmittel sollten Sie dort nicht lagern. Eingelagerte Kleidung sollten Sie vor dem nächsten Anziehen gründlich waschen und/oder in die volle Sonne hängen können, damit das Permethrin abgebaut wird und Sie so wenig wie möglich Kontakt mit dem Gift haben. Mindestens das nächste halbe Jahr ist der Raum eine Giftzone! Genau so sollten Sie sich dort auch verhalten: Schnell rein, schnell raus, gut lüften.

In Messiewohnungen haben Sie kaum die Chance, Flöhe in den Griff zu bekommen. Je mehr Sie verpacken können, desto besser. Vielleicht könne Sie Ihren Hausrat modulweise organisieren und einlagern, z. B. in dem Sie Themenkisten packen und diese auch alle paar Tage umsetzten, sodass Bewegung in die Einrichtung kommt und die Flöhe sich nicht in die Langzeitverpuppung begeben. Auch hier: Versuchen Sie so viel wie möglich über Kniehöhe zu lagern. Schaffen Sie sich einen Saugroboter an, der Ihnen immerhin den Fußboden regelmäßig von den springenden Plagegeistern befreit. Zusammen mit Niem und maßvollen Kieselgur-Einsatz kann man auch in vollgestellten Wohnungen Glück haben und die Flohbekämpfung gelingt, weil der Befall sich noch nicht massiv in jeden Bereich ausgebreitet hat.

Von guten Feen und anderen Helfern

Gönnen Sie sich etwas! Eine Flohbekämpfung wie hier beschrieben verlangt Ihnen einiges ab! Ich weiß das, weil ich das selbst erlebt habe. Sie haben nun mit diesem Buch jede Menge Wissen rund um den Floh erhalten. Herzlichen Glückwunsch! Wenn Sie Ihre Flöhe erfolgreich bekämpft haben, sind Sie ein Experte! Ein ziemlich nervengeschundener, ausgelaugter und entkräfteter Experte.

Bevor es so weit kommt, holen Sie Hilfe! Es gibt sie und so teuer ist sie nicht.

Eine Putzfee (Haushälterin/Reinigungskraft)

Reinigungskräfte sind in vielen Haushalten - auch in denen mit Katzen, Hunden und Flöhen. Daher haben Sie kein schlechtes Gewissen, wenn Sie eine Putzfee für zwei Monate zu sich holen. Seien Sie aber fair und informieren Sie die Putzfrau, dass Sie Flöhe haben, und deswegen ihre Hilfe brauchen.

Die Putzfee kann Ihnen die Arbeit abnehmen, die Sie nicht alleine stemmen können oder wollen, z. B. das Sofa einmal in der Woche wirklich grundreinigen, sich ausgiebig ums Saugen kümmern oder die Arbeiten übernehmen, die Sie zu Zeit nicht mehr bewerkstelligen können, weil Sie kurz vor dem Kollaps stehen. Es ist keine Schade, sich Hilfe zu holen oder bei einem Flohbefall „Putz-Verstärkung" anzufordern.

Die Wäschedienste und Polsterreinigungen

Die Berge bauen sich nicht ab? Die Waschmaschine läuft Non-Stopp? Lassen Sie waschen. Das Reinigen von kontaminierten Kleidungsstücken aller Art, das Mangeln von Heißwäsche wie Bettzeug oder die Reinigung eines nicht waschbaren Kleidungsstücks sind die Spezialitäten der Textilreinigungen. Vielleicht haben Sie einen Wäschedienst in Ihrer Nähe, der Ihnen das Reinigen der zweitäglich anfallenden Bettwäsche abnehmen kann? Oft wissen diese Reinigungsfirmen auch, wo man einen Teppich oder ein Sofa reinigen lassen kann. Solche Polsterreinigungen sind wichtig, wenn man das Gefühl hat, das das Sofa Heimat der nächsten Generation von Quälgeistern ist. Für ein bis zwei Monate sollten Sie, um sich nicht selbst kräftemäßig zu verausgaben, den Dienst einer solcher Firma in Anspruch nehmen.

Der Staubsaugerroboter

Gute Saugroboter gibt es heute bereits ab ca. 100 Euro. Das ist deutlich billiger und giftfreier als ein Kammerjäger und Sie haben an dem Roboter noch viele Jahre Freude. Ein Staubsaugerroboter saugt täglich selbstständig gut eineinhalb Stunden durch die Wohnung. Bei schneller Akkuladezeit schafft er das sogar zweimal am Tag. Wer von uns saugt jeden Tag drei Stunden? Keiner. Der Staubsaugerroboter macht das. Ein Nachteil verwandelt sich im Flohfall in einen Vorteil: Die Staubsaugerkassette ist recht kein (es passt also nicht viel rein und man muss sie gerade am Anfang ein paar Mal zwischendrin leeren), aber dafür kann man sie einfacher in den Gefrierschrank packen.

Man kann einen Sauger mit den Flöhen allein in ein Zimmer sperren und so Raum für Raum saugen lassen, während man anderen Arbeiten nachgeht. Nach jedem Raum inspiziert man den Inhalt der Kassette: Flöhe dabei? Meist hängen diese am Vorfilter. Bei zwei oder mehr Etagen hat jedes Stockwerk im besten Fall seinen eigenen Saugroboter, sodass man - bei **durchsichtigen Staubsaugerkassetten** - sehen kann, wo der Befall am Gravierendsten ist. In einen gewöhnlichen Staubsaugerbeutel kann man nur schwer hineinschauen. Daher achten Sie beim Kauf eines Saugroboters auf einen schnell ladbaren Akku, auf gute Saugleistung und auf eine transparente Staubsaugerkassette, einfache Bedienung und leicht nachzukaufende Ersatzteile wie Bürstchen und Vorfilter - von Letzterem brauchen Sie die nächste Zeit ein paar Stück mehr. Dann müssen Sie nicht mehr mit dem schweren Staubsauger jeden Tag durch die Wohnung ziehen, das übernimmt Ihr Staubsaugerroboter für Sie.

Noch ein paar Tipps

- Sollten Ihnen diese Maßnahmen zu umfangreich sein, reduzieren Sie sie erst einmal auf die Aktionen, die Sie für Ihre Wohnverhältnisse und für Ihre körperliche Verfassung als am brauchbarsten und sinnvollsten erachten. Manchmal reicht das schon aus.

- Denken Sie immer daran: Sie wohnen dort. Sie sind der Experte für Ihren Wohnraum - nicht der Kammerjäger.

In der Wohnung hält sich der flohgeplagte Bewohner (sei es nun Tier oder Mensch) am meisten auf. Überlegen Sie, in welchem Zimmer und an welchem Ort Sie die meiste Zeit verbringen. Das Schlafzimmer wird mit acht Stunden wahrscheinlich am häufigsten von Ihnen genutzt. Dort fangen Sie an. Kinderzimmer werden von Kindern bis zu 24 Stunden genutzt. Auch diese haben Priorität. Dann gehen Sie sukzessive durch: Wo verbringen Sie noch viel Zeit in der Wohnung? Auf diese Weise erstellen Sie eine Prioritätenliste. Ein solches Vorgehen spart eine Menge Zeit und unnötige Arbeit. Ausweiten kann man das Putzprogramm jederzeit.

Je mehr Sie bei und nach der ersten Grundreinigung verpackt wegräumen oder erst mal auslagern, desto weniger Arbeit werden Sie die nächsten Wochen haben.

Überlegen Sie, ob es eine Erleichterung für Sie ist, wenn Sie sich für einen Monat eine Putzfrau leisten, die Ihnen einen Teil der Arbeit abnimmt. Machen Sie sich keine Gedanken darüber, dass die Putzhilfe sich bei Ihnen mit Flöhen "ansteckt". Putzfrauen gehen in so vielen Haushalten ein und aus, das gehört zu ihrem Berufsrisiko. Fairerweise sollten Sie sie aber auf den Befall hinweisen.

Jetzt ist der Tag gekommen, auf den Sie schon immer gewartet haben: Das Ausmisten ist fällig!

Es ist keine, **absolut keine** Option, sich eine Katze anzuschaffen, um das Problem „Flöhe" mit der Behandlung des Tieres auszusitzen. Warum nicht? Zum einen schaffen Sie sich eine Katze nur an, um Flöhe zu bekämpfen. Das

sollte nicht der Grund sein, selbst wenn Sie den Gedanken
an ein Haustier schon länger hegen. Da dreht sich jedem
Tierschützer der Magen um, denn als Willkommensgeschenk
in der neuen Wohnung vergiften Sie die Katze mit einem
Spot-on und setzten sie den Flöhen aus! Das andere ist: Sie
werden die Katze viel Jahre haben. In dieser Zeit wird sie
häufiger als Ihnen lieb ist, Flöhe von außen in die Wohnung
bringen. Manche Katzenbesitzer bekommen mit dem Tod
ihres Stubentigers erst mit, dass Sie ein Flohproblem haben,
nämlich dann, wenn die Flöhe in Ermangelung einer Katze
auf den Menschen überwechseln. Wenn Sie jetzt schon Flöhe
haben ohne Katze, können Sie sicher sein, dass Sie erst recht
welche haben, wenn Sie eine Freigängerkatze haben.
Außerdem: Wer sagt, dass der Floh, den Sie zu Hause
haben, ein Katzenfloh ist, der sich für Katzen interessiert?
Vielleicht ist es ein Igelfloh. Und Flöhe sind sehr treu. Es
besteht immer die Möglichkeit, dass dieser nicht auf die
Katze wechselt. Zu guter Letzt: Es gibt schon genug Katzen
und unsere heimische Vogelwelt wird es Ihnen danken, wenn
Sie auf ein solches Tier verzichten.

Einkaufsliste

Flohbekämpfung kostet vor allem Zeit und Nerven. Ansonsten
braucht man eigentlich nicht viel und die Basis-Ausstattung ist - je
nach Staubsaugermodell und Häufigkeit des Wechselns - für rund
100 Euro zu haben. Mit einem neuen Staubsauerroboter kommen
noch einmal 100-200 Euro dazu, aber so günstig bekommt man über
all die Jahre, die so ein Gerät saugt, keine Haushälterin bezahlt.

- Fünf bis zehn Staubsaugerbeutel für Ihren Staubsauger

- Niem-Spray

- Kieselgur (möglichst kein/geringer Anteil an kristallinem Siliziumdioxid)

- große Zipp-Beutel
  (für den Schwimmbadbesuch)

- evtl. einige stabile, schwarze Müllbeutel
  (für die sommerliche Bekämpfung von Flöhen in Schuhen, Teppichläufer o. ä.)

- optional, aber sehr zu empfehlen: Staubsaugerroboter

Viel Freude in Ihrer bald flohfreien, super sauberen und aufgeräumten Wohnung. Sie schaffen das!

Adressen und Ansprechpartner

Baubiologen

Institut für Baubiologie + Nachhaltigkeit IBN
Erlenaustraße 24
83022 Rosenheim
Tel: 08031 35392-0 (Mo - Do, 9 - 12 Uhr)
Fax: 08031 35392-29
E-Mail: institut@baubiologie.de
www.baubiologie.de

Berufsverband Deutscher Baubiologen VDB e.V.
Roggenkamp 21
21266 Jesteburg
Tel: 04183 7735301
Fax: 04183 7735302
E-Mail: info@baubiologie.net
www.baubiologie.net

Die Autorin
Sindy Grambow
Dipl. Biologin, Baubiologin IBN, TÜV-zert. Sachverständige für
Schimmelpilze a.D.,
Schönauer Straße 21
69198 Schriesheim
E-Mail: info@einblick-baubiologie.de
www.einblickbaubiologie.de

Schädlingsbekämpferverband

Deutscher Schädlingsbekämpfer-Verband e.V. (DSV)
Rabenhorst 48
45355 Essen
Tel: 0201 89078040
Fax: 0201 565991066
E-Mail: kontakt@dsvonline.de
www.dsvonline.de

Ungezieferbestimmung

- Zoologischen Instituten der Universitäten

- Gesundheitsämtern der Region

- Verbraucherzentralen

- Hygiene-Instituten

- Naturwissenschaftlichen Museen

- Medizinale Untersuchungsämter

- Landesuntersuchungsanstalten

- biologisch versierte Schädlingsbekämpfer

Quellen

Fachliteratur

Prof. Dr. H. Schmutterer: *The Niem tree: Azadirachta incica A. Juss. and other meliaceous plants*; VHC Verlagsgesellschaft, Weinheim. Kapitel:

"Niem Products for Pest Management, Practical Results of Niem Application Against Arthropod Pests, and Probability of Development of Resistance: Sections 4.2.3 / 4.2.7";

"Effects on Viruses and Organisms: Sections 3.9.3 / 3.10";

"Niem Products for Pest Management, Practical Results of Niem Application against Arthropod Pests, and Probability of Development of Resistance: Sections 4.2.8 / 4.2.10";

"Toxicity of Niem to Vertebrates and Side Effects on Beneficial and Other Ecologically Important Non-Target Organisms"

N. Weis, G. Freudenthal, U. Siemers: *Abbau von Pyrethrum, Chlorpyrifos-ethyl und Piperonylbutoxid unter Innenraumbedingungen*, AGÖF 2004,aus: Umwelt, Gebäude und Gesundheit. Innenraumhygiene, Raumluftqualität und Energieeinsparung; Ergebnisse des 7. Fachkongresses der Arbeitsgemeinschaft Ökologischer Forschungsinstitute (AGÖF) am 4. und 5. März 2004 in München, Seiten: 136-142

C. A. Hallmann, M. Sorg, E. Jongejans, H. Siepel, N. Hofland, H. Schwan, W. Stenmans, A. Müller, H. Sumser, T. Hörren, D. Goulson, H. de Kroon: *More than 75 percent decline over 27 years in total flying*

insect biomass in protected areas. Studie vom 18.10.2017, siehe:
https://journals.plos.org/plosone/article?
id=10.1371/journal.pone.0185809

M.Hermanns: Schädlinge und Lästlinge in Haus und Wohnung.
Goldmann Verlag, 2003, Seiten 65, 69-73

Robert-Koch-Institut: *Pyrethroid-Resistenzen bei Kopfläusen in
Deutschland - Studienergebnisse(2016-2017).* Siehe:
https://www.rki.de/DE/Content/Institut/OrgEinheiten/Abt1/FG16/Pyret
hroid_Resistenz_Ergebnisse.pdf?__blob=publicationFile

Dr. G. Karg: *Wissen Sie, wie Insektizide wirken?* In: Der praktische
Schädlingsbekämpfer, Ausgabe 2/05, Seiten 2-5

G. J. Ridder, C. C. Boedeker, K. Technau-Ihling, A. Sander: *Cat-
scratch disease: Otolaryngologic manifestations and management.* In:
Otolaryngology · Head and Neck Surgery. Band 132, Nr. 3, 2005, S.
353·358

G. J. Ridder, C. C. Boedeker, K. Technau-Ihling, R. Grunow, A.
Sander: *Role of cat-scratch disease in lymphadenopathy in the head
and neck.* In: Clinical Infectious Diseases. Band 35, Nr. 6, 2002, S.
643·649

M. Abele-Horn: *Antimikrobielle Therapie. Entscheidungshilfen zur
Behandlung und Prophylaxe von Infektionskrankheiten.* Unter
Mitarbeit von W. Heinz, H. Klinker, J. Schurz und A. Stich, 2.,
überarbeitete und erweiterte Auflage. Peter Wiehl, Marburg 2009, S.
185

Dr. W. Lingk: *Gesundheitsgefährdung durch Pyrethroide - neue Ansätze zur Lösung des Problems*. Bundesinstitut für gesundheitlichen Verbraucherschutz und Veterinärmedizin, Januar 2001, Siehe: https://www.bfr.bund.de/cm/343/gesundheitsgefaehrdung_durch_pyrethroide.pdf

Bundesinstitut für gesundheitlichen Verbraucherschutz und Veterinärmedizin: *Vom Umgang mit chemischen Schädlingsbekämpfungsmitteln*. Informationsschrift 1996

H. Engelbrecht: *Schädlinge und ihre Bekämpfung*. Fachbuchverlag, Leipzig 1991

F.-J. Knust: *Niem-Therapie der Pediculosis capitis und der Scabies im Kindesalter*. In: Umweltmedizinische Praxis, Arzt und Umwelt 11, 4/98

C. Adler, C. Frielitz, J. Günther: Kieselgur gegen vorratsschädliche Insekten im Getreidelager. Herausgeber: G. Rahmann, Ressortforschung für den Ökologischen Landbau 2007, siehe: https://literatur.thuenen.de/digbib_extern/dk039368.pdf

M. Marcard, H. Weigand: Schädlingsbekämpfung durch Kammerjäger. In: bfub, Rechercheergebnisse aus der Umwelt- undAbfallberatung, Band 2, Selbstverlag, Bremen 1991

VUA: *Pyrethroide. Pestizide in Innenräumen*. Bremer Reihe Umwelt und Arbeit, 1994

Ellen Norten: *Wunderbaum Niem*. Herausgeber: Jean Pütz, vgs Köln 1997

F. Zacher: *Neue Untersuchungen über die Einwirkung oberflächenaktiver Pulver auf Insekten*. In: Zoologischer Anzeiger 10 (Supplementband), 1937, 264-2

V. Storch: *Kurzes Lehrbuch der Zoologie*. Berlin: Springer Spektrum, 2012, 8., neu bearb. Auflage

Bundesinstitut für gesundheitlichen Verbrauch

A. Zurita, R. Callejon, M. De Rojas, A. Halajian, C. Cutillas: *Ctenocephalides felis and Ctenocephalides canis: introgressive hybridization?* Wiley Online Libary, April 2016

D. E. Jacobs, M. J. Hutchinson, W. G. Ryan: *Control of flea populations in a simulated home environment model using lufenuron, imidacloprid or fipronil.* Wiley online Libary, Juli 2008

W. Fred Hink, Glen R. Needham: *Vacuuming is lethal to all postembryonic life stages of the cat flea, Ctenocephalides felis.* Wiley online Libary, September 2007

M. Visser, S. Rehbein, C. Wiedemann: *Species of Flea (Siphonaptera) Infesting Pets and Hedgehogs in Germany.* Wiley online Libary, December 2001

Michael K. Rust: *The Biology and Ecology of Cat Fleas and Advancements in Their Pest Management: A Review.* Insects 2017, 8(4), S. 118; https://www.mdpi.com/2075-4450/8/4/118/htm

Michael k.Rust: *Insecticide Resistance in Fleas.* Insects 2016, 7(1), SS. 10; https://www.mdpi.com/2075-4450/7/1/10/htm

Seiten im Internet

https://www.katzeninfo.com/gesundheit/flohbefall

https://www.neudorff.de/rat-service/forum/indoor-archiv/ungeziefer/flohbekaempfung-30182/thema.html

https://www.bfr.bund.de/cm/343/bewertung_Niemoel_spinnmilben.pdf

https://www.allum.de/wissenswertes/Niemoel-mittel-hausstaubmilben

https://www.parasitenfrei.de/de/advantage/floehe/hunde-und-katzenfloh

https://www.spektrum.de/news/kunst-bohnenblaetter-gegen-bettwanzen/1190875

https://journals.plos.org/plosone/articleid=10.1371/journal.pone.0185809

https://www.rki.de/DE/Content/Institut/OrgEinheiten/Abt1/FG16/Kopflaeuse_Pyrethroid_Resistenz.html

https://www.aerztezeitung.de/medizin/krankheiten/haut-krankheiten/article/460309/sandfloehe-hautknoten-mitbringsel-tropen.html

https://roempp.thieme.de/

http://www.umweltanalytik.com/lexikon/ing14.htm

http://www.schaedlingskunde.de/Diverse_htm/Schaedlings-Steckbriefe.htm

https://www.parasitenportal.de/floehe/

https://www.retscheider-hof.de/parasitologie/

https://fauna-eu.org/cdm_dataportal/taxon/ec23dd6a-977c-4c3b-b206-731e71e3309e

https://www.dguv.de/staub-info/was-ist-staub/amorphe-kieselsaeuren/index.jsp

https://www.presseportal.de/pm/6561/1078968 (ARD-Magazin Plusminus und NDR Info: *„Schönheitsmittel Kieselerde unter Verdacht"*, vom 6. November 2007)

Wikipedia

https://de.wikipedia.org/wiki/Flöhe

https://de.wikipedia.org/wiki/Hundefloh

https://de.wikipedia.org/wiki/Katzenfloh

https://de.wikipedia.org/wiki/Igelfloh

https://de.wikipedia.org/wiki/Sandfloh

https://de.wikipedia.org/wiki/Rattenfloh

https://de.wikipedia.org/wiki/Menschenfloh

https://de.wikipedia.org/wiki/Pyrethroide

https://de.wikipedia.org/wiki/Trägermittel